パターン練習で
英文法が身につ

小学

英文法パターンドリル❷

三単現・過去・未来・進行形の文

杉山一志

文英堂

はじめに

保護者のみなさまへ

本書を手に取っていただきありがとうございます。著者の杉山一志です。

小学校の英語教育では，3・4年生は「簡単な挨拶」や「歌を聞く」といった英語に触れる活動が中心である一方，5年生からはより多くの表現や語いを学んでいます。教科書の内容を見ると，扱われている表現は多岐に渡っており，語句やフレーズも子どもたちにとってなじみやすく，身近に感じられるように工夫されています。

しかしその一方，「英文法」を学び，ルールを理解することの優先順位は低くなっています。専門家の中には「英文法など学習させるから日本人は英語が使えない」と主張する人もいますが，特別な環境にいる人を除いて，日本で生活する私たちにとって「英文法」は非常に優れたツールだと思います。

個人差はあれ，小学生の中には大人顔負けの言葉遣いや表現を身につけている小学生もいます。もちろん突然そうなったわけではなく，トレーニングを経て習得した技能なのです。英語を母語とする子どもたちも同様です。彼らも，間違いの指摘，周囲の話す言葉との比較を経験しながら，自ら修正を繰り返します。「英文法は優れたツール」と書いたのは，「英文法」はそうした長いプロセスを大幅に短縮してくれるものだからです。

本書を含めた英文法パターンドリルシリーズの一貫した目標は「英語が持っている仕組み（文法）の理解」だけではなく，「仕組みを繰り返し練習することで，定着してもらう」ことです。また，本書では小学生が学ぶ単語に関しても，それぞれの文法項目と共に，段階を経て網羅的に学べるように工夫をしていますので，安心してご活用ください。本書シリーズでお子さまの英語学習の土台を作ることができれば，著者としてこれほど嬉しいことはありません。

杉山 一志

小学生のみんなへ

みんなは英語の勉強というとどんなイメージがありますか？　おもしろそう……むずかしそう……などいろいろありそうですね。

英語は世界の多くの人が使っている「ことば」です。英語がわかれば，楽しい動画を見たり，世界の人とコミュニケーションをとったりすることができるだけではありません。将来，外国で生活をしたり，仕事をしたりすることもできるでしょう。英語はみんながこれから大きく世界にはばたいていくための役に立つ道具にきっとなるでしょう。

みんなが目標や夢をかなえるために，少しでも役に立ちたいと思い，英語の練習ドリルを作りました。この本を使って学んだら，小学校で学習する英語はもちろん，中学や高校の英語の勉強の土台になると思います。ぜひ，いっしょに頑張って学んでいきましょう。

杉山 一志

本書の特色 (保護者のみなさまへ)

本書は，小学英語〜中学英語の基礎レベルまでの重要な英語のルール（英文法）を，パターン練習で確実に身につけるためのドリルブックです。

パターン練習
とは

たとえば，He plays the piano.「彼はピアノをひきます。」という例文を，「彼はテニスをします。」にします。

He plays tennis.

次に「彼女はテニスをします。」にします。

She plays tennis.

このように１つの英文の主語や動詞などを変え，くり返し書いて英文法を覚える練習方法です。

POINT 1

小学英語〜中学英語の基礎レベルまでの重要な英語のルール（英文法）を５０セクションにわけてあります。

　小学英語〜中学英語の基礎レベルまでの英文法を５０セクションに細かくわけているので，そのセクションで勉強するポイントや自分のわからないところ，苦手な部分がはっきりします。間違えた部分は何度も復習しましょう。

POINT 2

パート１〜５まで文法項目別にわかれており，パートの終わりには，確認テストがあります。

　１セクションと１回分の確認テストは１見開き２ページで構成しています。確認テストで間違えたら，セクションに戻って復習しましょう。

POINT 3

くり返し書くことで英語のルールがきちんと身につきます。

　各セクションは３つの問題から構成されています。文法事項にそった例文をくり返し書いて反復練習をすることで，英語のルールが自然と身についていきます。

本書の使い方

この本は英語のルール（英文法）を学習する本です。
ミニ解説やワードリストを読んで，Q1〜Q3の問題に書きこんで答えましょう。

ミニ解説

セクション内ではじめて学習することや重要なことをまとめています。
問題に答える前に読みましょう。

パート3 現在の文③（いろいろな動詞）　　　学習日　　月　　日

セクション 21 彼はテニスを楽しみません。
He does not enjoy tennis.

_／100点　答え ➡ 別冊 p.14_

223

主語が三人称単数の否定文をさまざまな一般動詞を使って練習しましょう。否定文を作るときには，does not か doesn't を一般動詞の前に置いて作ります。このときの一般動詞はもとの形に直すようにしましょう。

主語	動詞	名詞	
He	enjoys	tennis.	（彼はテニスを楽しみます。）
（彼は）	（楽しむ）	（テニス）	

主語	does not ＋動詞のもとの形	名詞	
He	does not[doesn't]	enjoy	tennis.	（彼はテニスを楽しみません。）
（彼は）	（楽しまない）	（テニス）	

一般動詞のワードリスト

enjoy（楽しむ）　　drink（飲む）　　　eat（食べる）　　cook（料理する）
read（読む）　　　　go to 〜（〜に行く）　use（（道具などを）使う）
paint（（絵を）かく）　　ride（乗る）　　spend（（お金を）使う）
listen to 〜（〜を聞く）

Q1 次の日本語の文に合うように，（　　　）内から正しいほうを選び，○でかこみましょう。　　　　　　（10点×4＝40点）

❶ 彼女はコーヒーを飲みません。 She (is not drink / does not drink) coffee.

❷ 私のお母さんは肉を食べません。 My mother (doesn't eat / not eat) meat.

❸ その男性は夕食を料理しません。
The man (don't cook / doesn't cook) dinner.

❹ 私のお父さんは雑誌を読みません。
My father (does not read / is not read) magazines.

54

ワードリスト

問題に答えるのに必要なワードや重要なワードをまとめています。問題に答える前に確認しましょう。
また音声を聞いて実際に発音し，覚えましょう。

ポイント

役に立つ情報やまちがいやすいポイントがのっています。
ミニ解説と合わせて読みましょう。

QR音声

各セクションに1つQRコードをのせています。ミニ解説の英文，ワードリスト，Q1〜Q3の解答の文の音声を聞くことができます。紙面上のQRコードを読み取ると，手軽に音声を聞くことができます。ほかにも無料音声アプリSigmaPlayer2や文英堂Webサイトからも音声をダウンロードいただけます。

※通信使用料は別途必要です。
※QRコードは(株)デンソーウェーブの登録商標です。

SigmaPlayer2
リスニングアプリ(音声再生用)

無料アプリで文英堂の参考書・問題集の音声を聞くことができます。音声の速度を3段階に調整できます。

🔍 App Store, Google Playで「シグマプレーヤー」を検索！

●通信料は別途必要です。動作環境は弊社ホームページをご覧ください。●App StoreはApple Inc.のサービスマークです。●Google PlayはGoogle LLCの商標です。

Q2 次の日本語の文に合うように，（　　）内の語を並べかえ，＿＿＿ に書きましょう。ただし，文のはじめにくる語も小文字になっています。（10点×3＝30点）

❶ その男性は沖縄に行きません。
(man / doesn't / the / Okinawa / go to).

＿＿＿＿＿＿＿＿＿＿＿＿＿＿＿＿

❷ その女性は，スマートフォンを使いません。
(does / the / woman / not / use / a smartphone).

＿＿＿＿＿＿＿＿＿＿＿＿＿＿＿＿

❸ ナンシーは絵をかきません。
(Nancy / paint / doesn't / pictures).

＿＿＿＿＿＿＿＿＿＿＿＿＿＿＿＿

Q3 次の日本語の文を英語の文にかえ，＿＿＿ に書きましょう。（10点×3＝30点）

❶ 私のお父さんは自転車 (a bike) に乗りません。

＿＿＿＿＿＿＿＿＿＿＿＿＿＿＿＿

❷ デイビッド (David) はまったくお金 (any money) を使いません。

＿＿＿＿＿＿＿＿＿＿＿＿＿＿＿＿

❸ 彼女は彼女のお父さん (her father) の言うことを聞きません。

＿＿＿＿＿＿＿＿＿＿＿＿＿＿＿＿

パート3　現在の文③（いろいろな動詞）

ポイント pictureの意味

pictureには「絵」と「写真」の両方の意味があります。
He takes pictures of Mt. Fuji. 「彼は富士山の写真をとります。」

別冊解答

とりはずして使うことができます。本冊の縮小版なので，簡単に答え合わせができます。

もくじ

パート1　現在の文①（基本の文）

パート2　現在の文②（−sの文）

パート3　現在の文③（いろいろな動詞）

英文を書くときの大切なルール

英語には，日本語とはちがうルールがあります。

英語では，右のような「四線」という4本線を使って練習をします。

I'm Riku.

1. 大文字で書きはじめ，最後にピリオドをつける

英語の文を書くときには，文のはじめの文字は大文字にします。また，単語と単語の間は，1文字分くらいのスペースをあけます。文のおわりにはピリオド (.) をつけます。

例 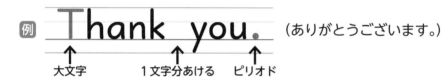 （ありがとうございます。）

大文字　　　1文字分あける　ピリオド

文字と文字の間をつめたり，1文字分より広くあけたりしないようにしましょう。

2. 文のとちゅうでも，大文字ではじめる語がある

I (私は) やJohn (ジョン)，Japan (日本) のような人名や国名，地名のはじめは大文字にします。

例 Matsuda Hikaru （松田ひかる）

Australia （オーストラリア）

I like Japan. （私は日本が好きです。）

また，曜日や月も大文字ではじめます。

例 Sunday （日曜日）　　　December （12月）

3. いろいろな記号を使うこともある

英文の中で使う記号について知っておきましょう。また，英文を書くときに忘れないようにしましょう。

❶ 「あなたは幸せですか。」のように，相手に何かをたずねるときには，「ピリオド (.)」ではなく「クエスチョンマーク (?)」をつけます。

例  （あなたは幸せですか。）

クエスチョンマーク

❷ 文の区切りをつけたいときには，「カンマ (,)」を使います。

例

（あなたはテニスが好きですか。）

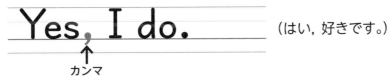 （はい，好きです。）

カンマ

 （いいえ，好きではありません。）

カンマ

❸ I'm (= I am) のように，2つの単語を短くちぢめて使う場合があります。このときには「アポストロフィー (')」を使います。

例 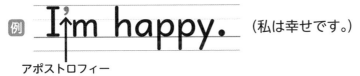 （私は幸せです。）

アポストロフィー

英文をなぞってみよう。

I'm Tom. I'm from London.

How are you? I'm fine.

セクション

1

私はユウタです。
I am Yuta.

／100点　答え ➡ 別冊 p.3

201

「(主語) は〜です」という文を作る場合は，I am 〜. You are 〜. He/She is 〜. と表します。am / is / areはbe動詞といいます。「〜」には「人を表す名詞」や「状態や気持ちを表す形容詞」を置きます。「〜ではありません」という否定文を作る場合は，be動詞の後ろにnotを置きます。また「〜ですか」という疑問文にする場合は，be動詞を文のはじめに置きます。

主語	be動詞	名詞	
I	am	Yuta.	(私はユウタです。)
(私は)	(〜です)	(ユウタ)	

主語	be動詞		名詞	
He	is	not	a student.	(彼は生徒ではありません。)
(彼は)	(〜ではありません)		(生徒)	

be動詞	主語	名詞	
Are	you	a student?	(あなたは生徒ですか。)
(〜です)	(あなたは)	(生徒)	

Yes, I am. (はい, そうです。) / No, I am[I'm] not. (いいえ, ちがいます。)

人を表すワードリスト
student (生徒)　　friend (友達)　　classmate (クラスメート)
pilot (パイロット)　　announcer (アナウンサー)

状態や気持ちを表すワードリスト
angry (おこっている)　　hungry (おなかがすいた)　　kind (親切な)
happy (幸せな)　　busy (いそがしい)　　tired (つかれた)

Q1 次の日本語の文に合うように，(　　　) 内から正しいほうを選び，〇でかこみましょう。

(10点×4＝40点)

① 私はミキです。 I (am / are) Miki.

② 彼女は生徒ですか。（ Is she / Are you) a student?

③ 私のお父さんはおこっていません。 My father (is not / not) angry.

④ 彼らは友達です。 They (is / are) friends.

Q2 次の日本語の文に合うように，（　　　）内の語を並べかえ， ＿＿ に書きましょう。ただし，文のはじめにくる語も小文字になっています。（10点×3＝30点）

① あなたはおなかがすいています。(are / you) hungry.
_____ hungry.

② 彼は親切ですか。— いいえ，親切ではありません。
(he / is) kind? — No, (is / he / not).
_____ kind? — No, _____ .

③ マイクとダイキはクラスメートではありません。
(are / Mike and Daiki / not) classmates.
_____ classmates.

Q3 次の日本語の文を英語の文にかえ， ＿＿ に書きましょう。（10点×3＝30点）

① 私たちは幸せではありません。
_____

② 彼女はパイロット (a pilot) ですか。— はい，そうです。
_____ — _____

③ 私の息子 (my son) はいそがしいです。
_____

11

セクション

2

私は音楽が好きです。
I like music.

_____ ／100点　答え ➡ 別冊 p.3

202

英語にはbe動詞の他に一般動詞という種類の動詞があります。have (持っている)，drink (飲む) などがありますが，be動詞に比べて，一般動詞にはたくさんの種類があります。be動詞と一般動詞をそのまま並べて使うことはありません。注意して練習しましょう。

主語	動詞	名詞
I	like	music.
(私は)	(好きだ)	(音楽)

(私は音楽が好きです。)

主語	動詞	名詞
I	want	a smartphone.
(私は)	(ほしい)	(スマートフォン)

(私はスマートフォンがほしいです。)

一般動詞のワードリスト

like (好きだ)　　　　　want (ほしい)　　　　study (勉強する)
have (持っている，飼っている)　　　　go to ～ (～に行く)
play ((楽器を) 演奏する / (スポーツを) する)　　drink (飲む)
visit (おとずれる)　　　live in ～ (～に住む)

Q1 次の日本語の文に合うように，(　　　) 内から正しいほうを選び，〇でかこみましょう。
(10点×4＝40点)

① 私はライオンが好きです。 I (like / am like) lions.

② 私は音楽を勉強します。 I (study / study am) music.

③ 私たちはハムスターを飼っています。
We (are have / have) a hamster.

④ 彼らは毎日，学校に行きます。
They (go / are go) to school every day.

Q2 次の日本語の文に合うように，（　　　）内の語を並べかえ，＿＿＿ に書きましょう。ただし，文のはじめにくる語も小文字になっています。（10点×3＝30点）

① 私はピアノを演奏します。（ play / the piano / I ）.

＿＿＿＿＿＿＿＿＿＿＿＿＿＿＿＿＿＿＿＿ **.**

② 私は毎朝，牛乳を飲みます。
（ drink / milk / I ）every morning.

＿＿＿＿＿＿＿＿＿ **every morning.**

③ 彼らは毎年，夏に沖縄をおとずれます。
（ Okinawa / visit / they ）every summer.

＿＿＿＿＿＿＿＿＿ **every summer.**

Q3 次の日本語の文を英語の文にかえ，＿＿＿ に書きましょう。（10点×3＝30点）

① 私は私の部屋 (my room) がほしいです。

② 私は卓球 (table tennis) をします。

③ 私は大阪 (Osaka) に住んでいます。

＞ ポイント▶ inやtoの意味

inやtoは名詞の前に置き，前置詞と呼ばれます。inは「～の中に (で)」，toは「～に向けて」という意味です。

セクション

3

私はクモが好きではありません。
I don't like spiders.

203

／100点　答え ➡ 別冊 p.4

一般動詞の否定文は主語と一般動詞の間に do not を置いて表します。do not を短縮した形の don't を使うこともあります。一般動詞の後ろにはいろいろな名詞が続きます。単数なら a / an や the，複数なら −s をつけることを忘れないようにしましょう。

主語　　　　　　　　　　　　　　　動詞　　　名詞

| I |

（私は）
（私はクモが好きです。）

主語　　　　　↓　　　　　　　　　動詞　　　名詞

| I | do not[don't] | like | spiders. |

（私は）　　　　　　　　　　　　（好きではない）　（クモ）
（私はクモが好きではありません。）

一般動詞のワードリスト

like（好きだ）　　　　want（ほしい）　　　　study（勉強する）
play（（スポーツを）する）　have（持っている）　　know（知る，知っている）
speak（話す）　　　　use（使う）　　　　　eat（食べる）

Q1 次の日本語の文に合うように，（　　　）内から正しいほうを選び，
〇でかこみましょう。

（10点×3＝30点）

① 私はヘビが好きではありません。

I (do not like / am not like) snakes.

② 私たちはマンガがほしくありません。

We (are not want / do not want) comic books.

③ 彼らは理科を勉強しません。

They (don't study / aren't study) science.

14

Q2 次の日本語の文に合うように，（　　　　）内の語を並べかえ，===== に書きましょう。ただし，文のはじめにくる語も小文字になっています。（10点×3＝30点）

❶ 彼らはゴルフをしません。
（ play / do not / they / golf ）.

・

❷ 私はスマートフォンを持っていません。
（ don't / I / a smartphone / have ）.

・

❸ 私たちはトムを知りません。
（ we / know / don't / Tom ）.

・

Q3 次の日本語の文を英語の文にかえ，===== に書きましょう。（10点×4＝40点）

❶ 彼らは日本語（Japanese）を話しません。

❷ 私はそのコンピューター（the computer）を使いません。

❸ 彼らは野菜（vegetables）を食べません。

❹ 私たちは車（a car）を持っていません。

セクション 4

あなたはサッカーが好きですか。
Do you like soccer?

204

_____／100点　答え ➡ 別冊 p.4

一般動詞の疑問文は文のはじめにDoを置いて表します。文のおわりに？（クエスチョンマーク）を置くことも忘れないようにしましょう。「はい」と答えるときにはYes, 主語＋do.を使います。「いいえ」と答えるときにはNo, 主語＋do not[don't].を使います。

主語	動詞	名詞	
You	like	soccer.	（あなたはサッカーが好きです。）
（あなたは）	（好きだ）	（サッカー）	

↓

Do	you	like	soccer?	（あなたはサッカーが好きですか。）
	（あなたは）	（好きだ）	（サッカー）	

Yes, I do. （はい, 好きです。） / No, I do not[don't]. （いいえ, 好きではありません。）

一般動詞のワードリスト

like（好きだ）　　　　study（勉強する）　　　want（ほしい）
have（持っている, 飼っている）　play（（楽器を）演奏する／（スポーツを）する）
live in 〜（〜に住む）　　know（知る, 知っている）　　visit（おとずれる）

Q1 次の日本語の文に合うように,（　　　）内から正しいほうを選び, ◯でかこみましょう。

（10点×3＝30点）

❶ 彼らは毎日, 英語を勉強しますか。

（ Are they study / Do they study ）English every day?

❷ あなたたちは新しいコンピューターがほしいですか。— いいえ, ほしくありません。

（ Want you / Do you want ）a new computer? — No,（ we are not / we do not ）.

❸ あなたはハムスターが好きですか。— はい, 好きです。

（ Do you like / Are you like ）hamsters? — Yes,（ I do / you do ）.

Q2 次の日本語の文に合うように，（　　　）内の語を並べかえ， ＝＝＝ に書きましょう。ただし，文のはじめにくる語も小文字になっています。（10点×3＝30点）

① ケンとナミはイヌを飼っていますか。

(a dog / do / have / Ken and Nami)?

_____
_____ **?**

② あなたはバイオリンを演奏しますか。

(you / do / the violin / play)?

_____
_____ **?**

③ あなたは京都に住んでいますか。 — いいえ，住んでいません。

(you / do / live) in Kyoto? — (I / no /, / don't).

_____ **in Kyoto? —** _____ **.**

Q3 次の日本語の文を英語の文にかえ， ＝＝＝ に書きましょう。（10点×4＝40点）

① あなたはオレンジ (oranges) が好きですか。

_____
_____
_____

② あなたたちはその女性 (the woman) を知っていますか。

_____
_____
_____

③ あなたたちは毎週，野球をしますか。 — はい，します。

Do you play baseball every week? **—** _____

④ 彼らは毎年，神戸をおとずれますか。 — いいえ，おとずれません。

Do they visit Kobe every year? **—** _____
_____

17

セクション

5

これは何ですか。
What is this?

／100点 答え ➡ 別冊 p.5

205

what (何)，when (いつ)，where (どこ)，who (だれ)，how (どう，どのように) などの語を疑問詞と呼びます。この疑問詞を使った疑問文では，文のはじめに疑問詞を置き，それに続く文は疑問文の語順になります。ここではbe動詞を使った文で練習しましょう。be動詞を使った疑問文は「疑問詞＋be動詞＋主語 ～？」の語順です。

疑問詞　be動詞　主語

| When | is | your birthday? | （あなたの誕生日はいつですか。）
（いつ）　（～です）　（あなたの誕生日）

疑問詞　be動詞　主語

| Where | is | the library? | （図書館はどこですか。）
（どこ）　（～です）　（図書館）

疑問詞　be動詞　主語

| How | are | your parents? | （あなたの両親は元気ですか。）
（どう）　（～です）　（あなたの両親）

名詞のワードリスト

birthday (誕生日)　　library (図書館)　　parents (両親)
post office (郵便局)　school (学校)　　　woman (女性)
family (家族)　　　　concert (コンサート)　name (名前)
man (男性)

Q1 次の日本語の文に合うように，（　　）内から正しいほうを選び，〇でかこみましょう。

（10点×4＝40点）

❶ お元気ですか。（ How / Who ）are you?

❷ 郵便局はどこですか。（ Where / What ）is the post office?

③ あなたの誕生日はいつですか。
When (is your birthday / your birthday is)?

④ あなたたちの学校はどこですか。
Where (your school is / is your school)?

Q2 次の日本語の文に合うように，（　　）内の語を並べかえ，＿＿＿ に書きましょう。ただし，文のはじめにくる語も小文字になっています。（10点×3＝30点）

① あれは何ですか。
(is / what / that)?

＿＿＿＿＿＿＿＿＿＿＿＿＿＿＿＿ **?**

② その女性はだれですか。
(the woman / is / who)?

＿＿＿＿＿＿＿＿＿＿＿＿＿＿＿＿ **?**

③ あなたのご家族はお元気ですか。
(your family / how / is)?

＿＿＿＿＿＿＿＿＿＿＿＿＿＿＿＿ **?**

Q3 次の日本語の文を英語の文にかえ，＿＿＿ に書きましょう。（10点×3＝30点）

① そのコンサート (the concert) はいつですか。

② あなたの名前 (your name) は何ですか。

③ その男性 (the man) はだれですか。

答え → 別冊 p.5

セクション 6

あなたは何がほしいですか。
What do you want?

＿＿＿＿＿／100点

206

---

what（何），when（いつ），where（どこ），who（だれ），how（どう，どのように）
などの疑問詞はbe動詞だけでなく，一般動詞といっしょに使われることもあります。こ
こではいろいろな一般動詞を使った文で練習しましょう。一般動詞を使った疑問文は「疑
問詞＋do＋主語＋一般動詞 ～?」の語順です。

疑問詞		主語	動詞	
What	do	you	want?	（あなたは何がほしいですか。）
（何）		（あなたは）	（ほしい）	

疑問詞		主語	動詞	名詞	
How	do	you	cook	fish?	（あなたはどのように魚を料理しますか。）
（どのように）		（あなたは）	（料理する）	（魚）	

一般動詞のワードリスト

want（ほしい）　cook（料理する）　　visit（おとずれる）　live（住む）
like（好きだ）　go to ～（～に行く）　do（する）　　　　study（勉強する）
practice（練習する）　　　　　　　　play（（スポーツを）する）

Q1 次の日本語の文に合うように，（　　　）内から正しいほうを選び，
〇でかこみましょう。　　　　　　　　　　　　　　　　　（10点×4＝40点）

① 彼らはいつ沖縄をおとずれますか。

When (they visit / do they visit) Okinawa?

② 今，あなたの両親はどこに住んでいますか。

Where (do your parents / are your parents) live now?

③ あなたはだれが好きですか。　(Who / What) do you like?

④ あなたは何がほしいですか。　(What / How) do you want?

Q2 次の日本語の文に合うように，（　　　）内の語を並<ruby>べ<rt>なら</rt></ruby>かえ，===== に書きましょう。ただし，文のはじめにくる語も小文字になっています。（10点×3＝30点）

❶ あなたはどのように肉を料理しますか。（ cook / how / you / do ）meat?

meat?

❷ 彼らはいつハワイに行きますか。（ go / do / when / they ）to Hawaii?

to Hawaii?

❸ その<ruby>生徒<rt>せいと</rt></ruby>たちは<ruby>放課後<rt>ほうかご</rt></ruby>，何をしますか。

（ do / what / the students / do ）after school?

after school?

Q3 次の日本語の文を<ruby>英語<rt>えいご</rt></ruby>の文にかえ，===== に書きましょう。（10点×3＝30点）

❶ あなたたちはそのクラスで (in the class) 何を勉強しますか。

❷ 彼らはどのように<ruby>漢字<rt>かんじ</rt></ruby> (kanji) を練習しますか。

❸ その生徒たちはどこでサッカー (soccer) をしますか。

ポイント▶「どこに住んでいますか。」の文

Where do you live now?「あなたは今どこに住んでいますか。」のような<ruby>質問<rt>しつもん</rt></ruby>には，I live in＋<ruby>場所<rt>ばしょ</rt></ruby>.で答えます。I live in Okinawa.は「私は沖縄に住んでいます。」という意味です。

セクション 7

私は英語を話すことができます。
I can speak English.

207

/100点　答え ➡ 別冊 p.6

canは「～することができる」という意味の単語です。このcanは助動詞と呼ばれ，動詞の前に置いて使うことができます。いろいろな動詞の前に置いて「～することができる」という文を作りましょう。文のおわりにはvery well（とても上手に）などのような語が置かれることがあります。

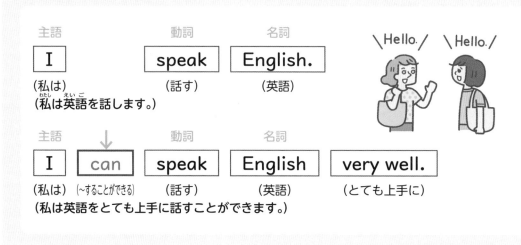

主語		動詞	名詞	
I		speak	English.	
（私は）		（話す）	（英語）	

（私は英語を話します。）

主語	↓	動詞	名詞	
I	can	speak	English	very well.
（私は）	（～することができる）	（話す）	（英語）	（とても上手に）

（私は英語をとても上手に話すことができます。）

\Hello./ \Hello./

一般動詞のワードリスト

speak（話す）　　　play（（楽器を）演奏する /（スポーツを）する）
swim（泳ぐ）　　　drive（運転する）　　　run（走る）
ride（乗る）　　　dance（おどる）　　　cook（料理する）

Q1 次の日本語の文に合うように，（　　）内から正しいほうを選び，〇でかこみましょう。

（10点×4＝40点）

❶ 私はギターを演奏することができます。

I (can play / play can) the guitar.

❷ 私たちは英語を話すことができます。

We (can speak / are can speak) English.

③ 彼は速く泳ぐことができます。
He (swim can / can swim) fast.

④ 私の兄は車を運転することができます。
My brother (drive can / can drive) a car.

Q2 次の日本語の文に合うように，（　　）内の語を並べかえ，＿＿＿ に書きましょう。ただし，文のはじめにくる語も小文字になっています。（10点×3＝30点）

① ナンシーは速く走ることができます。
(can / Nancy / fast / run).

② その女の子は一輪車に乗ることができます。
(can / the girl / a unicycle / ride).

③ 私たちはとても上手におどることができます。
(dance / we / can / very well).

Q3 次の日本語の文を英語の文にかえ，＿＿＿ に書きましょう。（10点×3＝30点）

① 私のお母さんは上手に (well) 料理をすることができます。

② 彼は中国語 (Chinese) を話すことができます。

③ 彼女はバドミントン (badminton) をとても上手に (very well) することができます。

セクション

8

私は一輪車に乗ることができません。
I can't ride a unicycle.

208

　　　　　　／100点　答え ➡ 別冊 p.6

助動詞のcanを使った文を「〜することはできません」という否定文にする場合には, cannotやcan'tを使います。「〜することができますか」という疑問文を作るときには「Can＋主語＋動詞 〜?」の語順で表し, 「はい」はYes, 主語＋can., 「いいえ」はNo, 主語＋cannot[can't].を使って答えます。

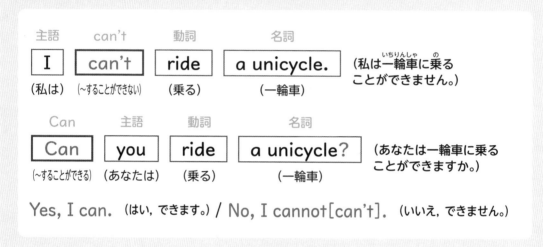

主語	can't	動詞	名詞	
I	can't	ride	a unicycle.	(私は一輪車に乗ることができません。)
(私は)	(〜することができない)	(乗る)	(一輪車)	

Can	主語	動詞	名詞	
Can	you	ride	a unicycle?	(あなたは一輪車に乗ることができますか。)
(〜することができる)	(あなたは)	(乗る)	(一輪車)	

Yes, I can. (はい, できます。) / No, I cannot[can't]. (いいえ, できません。)

一般動詞のワードリスト

ride (乗る) 　　　　　play ((楽器を) 演奏する / (スポーツを) する)
write (書く) 　　　　 dance (おどる) 　　　　speak (話す)
swim (泳ぐ) 　　　　 drive (運転する) 　　　 run (走る)

Q1 次の日本語の文に合うように, (　　　) 内から正しいほうを選び, ○でかこみましょう。

（10点×4＝40点）

① 私はギターを演奏することができません。

I (can't play / am not play) the guitar.

② トムは漢字を書くことができますか。— はい, できます。

(Can Tom write / Tom can write) *kanji*? — Yes, he can.

❸ 私のお母さんはバドミントンをすることができません。

（ Can't my mother play / My mother can't play ）badminton.

❹ 彼女は上手におどることができますか。 ― いいえ，できません。

（ Can she / She can ）dance well? ― No, she can't.

Q2 次の日本語の文に合うように，（　　　）内の語を並べかえ，＝＝＝ に書きましょう。ただし，文のはじめにくる語も小文字になっています。（10点×3＝30点）

❶ 私のお父さんは英語を話すことができません。

（ speak / English / my father / can't ）.

＿＿＿＿＿＿＿＿＿＿＿＿＿＿＿＿＿＿＿＿＿＿
＿＿＿＿＿＿＿＿＿＿＿＿＿＿＿＿＿＿＿＿＿＿ ●

❷ その女の子は速く泳ぐことができますか。

（ fast / the girl / can / swim ）?

＿＿＿＿＿＿＿＿＿＿＿＿＿＿＿＿＿＿＿＿＿＿
＿＿＿＿＿＿＿＿＿＿＿＿＿＿＿＿＿＿＿＿＿＿ **?**

❸ マイクは車を運転することができません。　（ cannot / a car / Mike / drive ）.

＿＿＿＿＿＿＿＿＿＿＿＿＿＿＿＿＿＿＿＿＿＿
＿＿＿＿＿＿＿＿＿＿＿＿＿＿＿＿＿＿＿＿＿＿ ●

Q3 次の日本語の文を英語の文にかえ，＝＝＝ に書きましょう。（10点×3＝30点）

❶ その女性は速く（fast）走ることができません。

＿＿＿＿＿＿＿＿＿＿＿＿＿＿＿＿＿＿＿＿＿＿
＿＿＿＿＿＿＿＿＿＿＿＿＿＿＿＿＿＿＿＿＿＿

❷ その少年は一輪車（a unicycle）に乗ることができません。

＿＿＿＿＿＿＿＿＿＿＿＿＿＿＿＿＿＿＿＿＿＿
＿＿＿＿＿＿＿＿＿＿＿＿＿＿＿＿＿＿＿＿＿＿

❸ その男性は中国語（Chinese）を話すことができますか。

＿＿＿＿＿＿＿＿＿＿＿＿＿＿＿＿＿＿＿＿＿＿
＿＿＿＿＿＿＿＿＿＿＿＿＿＿＿＿＿＿＿＿＿＿

確認テスト1

Q1 次の（　）内に入る語句を選び，記号で答えましょう。　　　　（4点×3＝12点）

(1) これは私たちの学校ではありません。This（　　　）our school.
　　ア　is not　　イ　do not　　ウ　are not

(2) あなたは何を勉強しますか。What（　　　）?
　　ア　study you　　イ　do you study　　ウ　are you study

(3) ユカは上手にバドミントンをすることができます。
　　Yuka（　　　）badminton well.
　　ア　can　　イ　is play　　ウ　can play

Q2 次の日本語の文に合うように，＿＿＿に適する語を1つ書きましょう。

（5点×4＝20点）

(1) 彼女はダンサーではありません。

She ＿＿＿＿ a dancer.

(2) 私の友達はとてもおこっています。

My friends ＿＿＿＿ very angry.

(3) 私は野菜が好きではありません。

I ＿＿＿＿ ＿＿＿＿ vegetables.

(4) あなたは上手にテニスをすることができますか。

＿＿＿＿ ＿＿＿＿ play tennis well?

Q3 次の日本語の文に合うように，（　　）内の語を並べかえ，＝＝＝ に書きましょう。ただし，文のはじめにくる語も小文字になっています。（8点×4＝32点）

(1) その少女はだれですか。

(is / girl / the / who)?

_____

_____ **?**

(2) 彼らはひまではありません。

(free / are / they / not).

_____

_____ **.**

(3) トムはゆうかんですか。— はい，そうです。

(brave / is / Tom)? — (he / yes / , / is).

_____ **? —** _____ **.**

(4) 彼らは英語を話すことができますか。

(can / speak / English / they)?

_____

_____ **?**

Q4 次の日本語の文を英語の文にかえ，＝＝＝ に書きましょう。 （12点×3＝36点）

(1) 彼らはその映画 (the movie) が好きではありません。

_____

_____

(2) あなたはつかれて (tired) いますか。— いいえ，つかれていません。

_____ **? —** _____

(3) 私はバイオリン (the violin) を演奏することができません。

_____

_____

27

答え ➡ 別冊 p.7

セクション 9

彼はパンダが好きです。
He likes pandas.

_____／100点

210

主語が，I（私は）とYou（あなたは）以外の，1人（1つ）を表す語である場合，動詞の語尾に−sをつけるというルールがあります。この−sのことを「三人称単数現在形のs（三単現のs）」と呼びます。例えば，He（彼は）の他にTom（トム）やMy father（私のお父さん）などが主語になったときにも，動詞の語尾に−sをつけます。

主語	動詞	名詞
I	like	pandas.
（私は）	（好きだ）	（パンダ）

（私はパンダが好きです。）

主語	動詞	名詞
He	likes	pandas.
（彼は）	（好きだ）	（パンダ）

（彼はパンダが好きです。）

動物や植物のワードリスト

panda（パンダ）　　　　　kangaroo（カンガルー）　　bird（鳥）
sunflower（ヒマワリ）　　koala（コアラ）　　　　　　dog（イヌ）
tulip（チューリップ）　　　dolphin（イルカ）　　　　　monkey（サル）
cherry blossoms（桜の花）

Q1 次の日本語の文に合うように，（　　　）内から正しいほうを選び，〇でかこみましょう。

（10点×4＝40点）

❶ 彼女はカンガルーが好きです。　She (likes / like) kangaroos.

❷ 私のお父さんは鳥が好きです。　My father (like / likes) birds.

❸ 私の妹はヒマワリが好きです。　My sister (like / likes) sunflowers.

❹ ケイトはコアラが好きです。　Kate (likes / is like) koalas.

Q2 次の日本語の文に合うように，（　　　）内の語を並べかえ，＝＝＝に書きましょう。ただし，文のはじめにくる語も小文字になっています。（10点×3＝30点）

❶ テッドはパンダが好きです。（ likes / Ted / pandas ）.

_____

_____ ●

❷ 私の弟はイヌが好きです。（ likes / dogs / my brother ）.

_____

_____ ●

❸ その少女はチューリップが好きです。（ likes / the girl / tulips ）.

_____

_____ ●

パート2　現在の文②（-sの文）

Q3 次の日本語の文を英語の文にかえ，＝＝＝に書きましょう。（10点×3＝30点）

❶ 私のお母さんはイルカ (dolphins) が好きです。

_____

_____

_____

❷ その少年はサル (monkeys) が好きです。

_____

_____

_____

❸ その男性は桜の花 (cherry blossoms) が好きです。

_____

_____

_____

ポイント▶ he や she，the woman などの後ろの動詞には s をつける

単数	複数
I（私は）	we（私たちは）
you（あなたは）	you（あなたたちは）
he（彼は） she（彼女は）	they（彼らは／彼女らは）
the woman（その女性は）	Tom and Nancy（トムとナンシーは）

答え ➡ 別冊 p.8

セクション

10 彼女はヘビが好きではありません。
She does not like snakes.

211

/100点

He likes ～.やShe likes ～.のように，三人称単数現在形のsがついた動詞を使った文を否定文にするときには，動詞の前にdoes notやdoesn'tを置きます。このとき三人称単数現在形のsを取り，動詞をもとの形に直すことも覚えておきましょう。

主語		動詞	名詞
She		likes	snakes.
（彼女は）		（好きだ）	（ヘビ）

（彼女はヘビが好きです。）

主語	does not＋動詞のもとの形		名詞
She	does not[doesn't]	like	snakes.
（彼女は）	（好きではない）		（ヘビ）

（彼女はヘビが好きではありません。）

食べ物と飲み物のワードリスト

salad (サラダ)　　pizza (ピザ)　apple pie (アップルパイ)
pudding (プリン)　milk (牛乳)　coffee (コーヒー)　omelet (オムレツ)
chocolate (チョコレート)　candy (キャンディ)　green tea (緑茶)

Q1 次の日本語の文に合うように，（　　）内から正しいほうを選び，〇でかこみましょう。
(10点×4＝40点)

① 彼はサラダが好きではありません。 He (doesn't like / don't like) salad.

② 彼女はピザが好きではありません。 She (isn't like / doesn't like) pizza.

③ 私のお父さんはアップルパイが好きではありません。
My father (does not like / do not like) apple pie.

④ その男性はプリンが好きではありません。
The man (is not like / does not like) pudding.

Q2 次の日本語の文に合うように，（　　　　）内の語を並べかえ，＝＝＝ に書きましょう。ただし，文のはじめにくる語も小文字になっています。（10点×3＝30点）

❶ その少年は牛乳が好きではありません。（ like / the / doesn't / boy / milk ）.

●

❷ 私のお母さんはコーヒーが好きではありません。
（ like / mother / does / my / not / coffee ）.

●

❸ ユミはオムレツが好きではありません。
（ Yumi / does / like / omelets / not ）.

●

Q3 次の日本語の文を英語の文にかえ，＝＝＝ に書きましょう。（10点×3＝30点）

❶ 彼はチョコレート（chocolate）が好きではありません。

❷ 彼女はキャンディ（candy）が好きではありません。

❸ その少女は緑茶が好きではありません。

> **ポイント▶ 人称という考え方**
>
> 「一人称」はⅠ（私は）やwe（私たちは）のように「自分」を含む語です。「二人称」はyou（あなたは/あなたたちは）のように相手を表す語です。「三人称」は，「一人称」や「二人称」以外のすべての人，物，事がらを表す名詞です。

11 彼は水泳が好きですか。Does he like swimming?

／100点　答え ➡ 別冊 p.8

212

He likes 〜.やShe likes 〜.のように三人称単数現在形のsがついた動詞を使った文を疑問文にするときには，文のはじめにDoesを置きます。このとき三人称単数現在形のsを取り，動詞をもとの形に直すことも覚えておきましょう。

主語	動詞	名詞	
He	likes	swimming.	（彼は水泳が好きです。）
（彼は）	（好きだ）	（水泳）	

↓

主語	動詞のもとの形	名詞	
Does	he	like	swimming?	（彼は水泳が好きですか。）
	（彼は）	（好きだ）	（水泳）	

趣味を表すワードリスト

swimming （水泳）　　skiing （スキー）　　cooking （料理）
skating （スケート）　dancing （ダンス）　jogging （ジョギング）
fishing （つり）　　　reading （読書）　　shopping （買い物）
camping （キャンプ）

Q1 次の日本語の文に合うように，（　　　）内から正しいほうを選び，〇でかこみましょう。

（10点×4＝40点）

❶ 彼はスキーが好きですか。 (Does he like / Do he like) skiing?

❷ マユは料理が好きですか。 (Do Mayu like / Does Mayu like) cooking?

❸ その少年はスケートが好きですか。
(Is the boy like / Does the boy like) skating?

❹ あなたのお母さんはダンスが好きですか。
(Does your mother like / Is your mother like) dancing?

Q2 次の日本語の文に合うように，（　　　）内の語を並べかえ，＿＿＿に書きましょう。ただし，文のはじめにくる語も小文字になっています。（10点×3＝30点）

❶ その女性はジョギングが好きですか。　(jogging / the / does / woman / like)?

＿＿＿＿＿＿＿＿＿＿＿＿＿＿＿＿
＿＿＿＿＿＿＿＿＿＿＿＿＿＿＿＿ **?**
＿＿＿＿＿＿＿＿＿＿＿＿＿＿＿＿

❷ ケンはつりが好きですか。　(like / does / Ken / fishing)?

＿＿＿＿＿＿＿＿＿＿＿＿＿＿＿＿
＿＿＿＿＿＿＿＿＿＿＿＿＿＿＿＿ **?**
＿＿＿＿＿＿＿＿＿＿＿＿＿＿＿＿

❸ その少女は読書が好きですか。　(reading / does / girl / like / the)?

＿＿＿＿＿＿＿＿＿＿＿＿＿＿＿＿
＿＿＿＿＿＿＿＿＿＿＿＿＿＿＿＿ **?**
＿＿＿＿＿＿＿＿＿＿＿＿＿＿＿＿

Q3 次の日本語の文を英語の文にかえ，＿＿＿に書きましょう。（10点×3＝30点）

❶ あなたの妹 (your sister) は買い物が好きですか。

＿＿＿＿＿＿＿＿＿＿＿＿＿＿＿＿＿＿
＿＿＿＿＿＿＿＿＿＿＿＿＿＿＿＿＿＿
＿＿＿＿＿＿＿＿＿＿＿＿＿＿＿＿＿＿

❷ 彼女は水泳が好きですか。

＿＿＿＿＿＿＿＿＿＿＿＿＿＿＿＿＿＿
＿＿＿＿＿＿＿＿＿＿＿＿＿＿＿＿＿＿
＿＿＿＿＿＿＿＿＿＿＿＿＿＿＿＿＿＿

❸ あなたのお父さん (your father) はキャンプが好きですか。

＿＿＿＿＿＿＿＿＿＿＿＿＿＿＿＿＿＿
＿＿＿＿＿＿＿＿＿＿＿＿＿＿＿＿＿＿
＿＿＿＿＿＿＿＿＿＿＿＿＿＿＿＿＿＿

> **ポイント▶「私は～が得意です。」という意味の文**
>
> I am good at ～.「私は～が得意です」の文は，「～」の部分にワードリストの単語を入れて，自分の得意なことを表すことができます。
>
> I am good at cooking.（私は料理が得意です。）

セクション 12

213

「彼は～が好きですか」に対する答え方
Yes, he does./No, he does not.

／100点　答え ➡ 別冊 p.9

Does he[she]like ～?に答えるとき，「はい」の場合にはYes, 主語＋does.，「いいえ」の場合にはNo, 主語＋does not[doesn't].を使います。疑問文でthe boyのように男性を表す語句が主語になっている場合は，答えるときにはheを使います。またthe womanのように女性を表す語句が主語になっている場合は，答えるときにはsheを使います。名詞が2つ（2人）以上の複数を表すときには，名詞の語尾にsをつけます。

Does	主語	動詞のもとの形	名詞	

Does	Tom	like	green peppers?	（トムはピーマンが好きですか。）
	（トム）	（好きだ）	（ピーマン）	

Yes, he does. （はい，好きです。）/ No, he does not[doesn't]. （いいえ，好きではありません。）

果物と野菜のワードリスト

green pepper（ピーマン）　grape（ブドウ）　strawberry（イチゴ）
tomato（トマト）　　　　　peach（モモ）　　kiwi fruit（キウイフルーツ）
pineapple（パイナップル）　melon（メロン）　carrot（ニンジン）

Q1 次の日本語の文に合うように，（　　　）内から正しいほうを選び，〇でかこみましょう。

（10点×4＝40点）

❶ 彼はリンゴが好きですか。— はい，好きです。
Does he like apples? — Yes, (he does / I do).

❷ その男性はオレンジが好きですか。— いいえ，好きではありません。
Does the man like oranges? — No, (he does not / he is not).

❸ あなたのお母さんはブドウが好きですか。— いいえ，好きではありません。
(Does your mother / Is your mother) like grapes? — No, (she isn't / she doesn't).

❹ トムはイチゴが好きですか。— はい，好きです。
(Does Tom like / Is Tom like) strawberries? — Yes, (does he / he does).

Q2 次の日本語の文に合うように，（　　　　）内の語を並べかえ，＝＝＝ に書き
ましょう。ただし，文のはじめにくる語も小文字になっています。（10点×3＝30点）

❶ その少女はトマトが好きですか。 — はい，好きです。

Does the girl like tomatoes? — (yes / does / , / she).

—

❷ 彼女はモモが好きですか。 — いいえ，好きではありません。

Does she like peaches? — (no / doesn't / , / she).

—

❸ ナミはキウイフルーツが好きですか。 — はい，好きです。

Does Nami like kiwi fruits? — (she / does / yes / ,).

—

パート2 現在の文②（-sの文）

Q3 次の日本語の文を英語の文にかえ，＝＝＝ に書きましょう。（10点×3＝30点）

❶ あなたのお父さんはパイナップルが好きですか。 — はい，好きです。

Does your father like pineapples? — _____

❷ その女性はメロンが好きですか。 — いいえ，好きではありません。

Does the woman like melons? — _____

❸ その少年はニンジンが好きですか。 — はい，好きです。

Does the boy like carrots? — _____

┌──────────────────────────────
│ ポイント▶ 注意したい複数形
│ ・peach（モモ）→ peaches　・dish（皿）→ dishes　・box（箱）→ boxes
│ ・tomato（トマト）→ tomatoes　・strawberry（イチゴ）→ strawberries
└──────────────────────────────

セクション 13 彼はバイオリンを演奏します。He plays the violin.

／100点　答え ➡ 別冊 p.9

214

likeに続いてplayという動詞に三人称単数現在形の–sをつけた文を学習していきましょう。He plays ～.やShe plays ～.の「～」の部分にthe＋楽器やスポーツを表す語を入れて練習をしましょう。ここでは「～といっしょに」という意味のwith＋人という表現も合わせて練習しましょう。

主語	動詞	名詞	with＋人
I	play	the violin	with Nancy.
（私は）	（演奏する）	（バイオリン）	（ナンシーといっしょに）

（私はナンシーといっしょバイオリンを演奏します。）

主語	動詞	名詞	with＋人
He	plays	the violin	with Nancy.
（彼は）	（演奏する）	（バイオリン）	（ナンシーといっしょに）

（彼はナンシーといっしょにバイオリンを演奏します。）

楽器のワードリスト

violin（バイオリン）　　　　recorder（リコーダー）　　　　drums（ドラム）

スポーツのワードリスト

soccer（サッカー）　　baseball（野球）　　badminton（バドミントン）
tennis（テニス）

Q1 （　　　）内から英語のルールを考えて正しいほうを選び、〇でかこみましょう。

（10点×4＝40点）

❶ (He / I) plays the violin.

❷ (The man / We) plays the guitar with David.

❸ (She / They) plays the piano with Nami.

❹ (My friend / My friends) plays volleyball.

Q2 次の日本語の文に合うように，（　　　）内の語を並べかえ，＿＿＿ に書きましょう。ただし，文のはじめにくる語も小文字になっています。（10点×3＝30点）

❶ その女性は友達とサッカーをします。

（ woman / plays / the / soccer ） with her friends.

＿＿＿＿＿＿＿＿＿＿＿＿＿ with her friends.

❷ 私の弟は野球をします。（ my / baseball / brother / plays ）.

＿＿＿＿＿＿＿＿＿＿＿＿＿＿ .

❸ その少女はリコーダーを演奏します。

（ plays / girl / the / the / recorder ）.

＿＿＿＿＿＿＿＿＿＿＿＿＿＿ .

Q3 次の日本語の文を英語の文にかえ，＿＿＿ に書きましょう。（10点×3＝30点）

❶ その少年はドラム (drums) を演奏します。

❷ ケイト (Kate) は彼女の妹と (with her sister) バドミントンをします。

❸ 私のお母さんは毎週 (every week)，テニスをします。

> **ポイント▶「遊ぶ」という意味のplay**
>
> playは，「遊ぶ」という意味で使うこともできます。
> He plays outside with his friends every day.
> (彼は毎日，友達と外で遊びます。)

セクション

14 彼はバスケットボールをしません。
He does not play basketball.

_____ /100点　答え ➡ 別冊 p.10

215

He plays 〜. や She plays 〜. を使った文を「彼 (彼女) は〜しません」という意味の否定文にするときには，playsの前にdoes notやdoesn'tを置いて表現します。このときplaysはsを取って動詞のもとの形であるplayにします。

主語	動詞	名詞
He	plays	basketball.

(彼は)((スポーツを) する)(バスケットボール)
(彼はバスケットボールをします。)

主語	does not＋動詞のもとの形		名詞
He	does not[doesn't]	play	basketball.

(彼は)　　((スポーツを) しない)　　　(バスケットボール)
(彼はバスケットボールをしません。)

スポーツのワードリスト

basketball (バスケットボール)　　softball (ソフトボール)
dodge ball (ドッジボール)　　badminton (バドミントン)
table tennis (卓球)　　golf (ゴルフ)

楽器のワードリスト

violin (バイオリン)　　recorder (リコーダー)　　flute (フルート)
piano (ピアノ)　　drums (ドラム)

Q1 （　　　）内から英語のルールを考えて正しいほうを選び，〇でかこみましょう。
（10点×3＝30点）

❶ (My son / I / They) does not play the violin.

❷ (The woman / We / The boys) doesn't play softball.

❸ (You / David / The students) doesn't play dodge ball.

Q2 次の日本語の文に合うように，（   ）内の語を並べかえ，━━━━ に書きましょう。ただし，文のはじめにくる語も小文字になっています。(10点×3＝30点)

① ケンはリコーダーを演奏しません。

(the / does / Ken / play / recorder / not).

_____

_____

●

② 彼女はフルートを演奏しません。

(the / play / does / she / not / flute).

_____

_____

●

③ その少年はバドミントンをしません。

(doesn't / play / the / badminton / boy).

_____

_____

●

Q3 次の日本語の文を英語の文にかえ，━━━━ に書きましょう。(10点×4＝40点)

① その男性はピアノを演奏しません。

_____

_____

② その少女はドラム (drums) を演奏しません。

_____

_____

③ 私の娘 (my daughter) は卓球をしません。

_____

_____

④ メアリー (Mary) はゴルフをしません。

_____

_____

セクション

15 彼女はフルートを演奏しますか。
Does she play the flute?

216

_____／100点　答え ➡ 別冊 p.10

He plays 〜.やShe plays 〜.のように三人称単数現在形（さんにんしょうたんすうげんざいけい）のsがついた動詞（どうし）を使った文（ぎもんぶん）を疑問文にするときには，文のはじめにDoesを置（お）きます。このとき三人称単数現在形のsを取（と）り，動詞をもとの形に直すことを忘（わす）れないようにしましょう。また答え方は「はい」の場合（ばあい）にはYes, 主語＋does.，「いいえ」の場合にはNo, 主語＋does not［doesn't］.と表（あらわ）します。

主語	動詞	名詞
She	plays	the flute.
（彼女は）	（演奏する）	（フルート）

（彼女（かのじょ）はフルートを演奏（えんそう）します。）

↓

主語	動詞のもとの形	名詞
Does	she	play	the flute?
（彼女は）	（演奏する）	（フルート）

（彼女はフルートを演奏しますか。）

Yes, she does. （はい，演奏します。） / No, she does not［doesn't］. （いいえ，演奏しません。）

楽器のワードリスト

flute （フルート）　　drum （ドラム）　　violin （バイオリン）

スポーツのワードリスト

baseball （野球（やきゅう））　　volleyball （バレーボール）　　golf （ゴルフ）

Q1 （　　　）内から英語のルールを考えて正しいほうを選（えら）び，〇でかこみましょう。

（10点×4＝40点）

❶ Does (the man / you / they) play the recorder? — Yes, (he / I) does.

❷ Does (your friends / your father / you) play softball?

❸ Does (the girls / the boy / you) play the guitar? —Yes, (he / she) does.

❹ Does Ken play table tennis? — No, (they don't / he doesn't).

Q2 次の日本語の文に合うように，（　　）内の語を並べかえ，＝＝＝ に書きましょう。ただし，文のはじめにくる語も小文字になっています。（10点×3＝30点）

❶ あなたの友達は野球をしますか。

(baseball / your / does / play / friend)?

＿＿＿＿＿＿＿＿＿＿＿＿＿＿＿＿＿＿＿
＿＿＿＿＿＿＿＿＿＿＿＿＿＿＿＿＿＿＿ **?**
＿＿＿＿＿＿＿＿＿＿＿＿＿＿＿＿＿＿＿

❷ その女性はドラムを演奏しますか。— いいえ，演奏しません。

Does the woman play the drums? — No, (she / not / does).

— No, ＿＿＿＿＿＿＿＿＿＿＿＿＿＿＿ **.**
　　　＿＿＿＿＿＿＿＿＿＿＿＿＿＿＿

❸ ミカはバイオリンを演奏しますか。— はい，演奏します。

Does Mika play the violin? — Yes, (does / she).

— Yes, ＿＿＿＿＿＿＿＿＿＿＿＿＿＿ **.**
　　　＿＿＿＿＿＿＿＿＿＿＿＿＿＿

Q3 次の日本語の文を英語の文にかえ，＝＝＝ に書きましょう。（10点×3＝30点）

❶ あなたのお父さん (your father) はバレーボールをしますか。

＿＿＿＿＿＿＿＿＿＿＿＿＿＿＿＿＿＿＿
＿＿＿＿＿＿＿＿＿＿＿＿＿＿＿＿＿＿＿
＿＿＿＿＿＿＿＿＿＿＿＿＿＿＿＿＿＿＿

❷ 彼はフルートを演奏しますか。— いいえ，演奏しません。

Does he play the flute? — ＿＿＿＿＿＿＿＿
　　　　　　　　　　　　＿＿＿＿＿＿＿＿

❸ 彼女はゴルフをしますか。— はい，します。

＿＿＿＿＿＿＿＿＿＿　—　＿＿＿＿＿＿＿
＿＿＿＿＿＿＿＿＿＿　　　＿＿＿＿＿＿＿

確認テスト2

出題はんい
セクション **9** 〜 セクション **15**

答え ➡ 別冊 p.11

／100点

217

Q1　次の（　　）内に入る語句を選び，記号で答えましょう。　　（3点×3＝9点）

(1) 彼女はオレンジが好きですか。（　　　　）she like oranges?
　　ア　Do　　イ　Does　　ウ　Is

(2) 私は毎週バイオリンを演奏します。 I（　　　　）the violin every week.
　　ア　like　　イ　want　　ウ　play

(3) 私の兄はサッカーを練習しません。 My brother（　　　　）practice soccer.
　　ア　does not　　イ　is not　　ウ　do not

Q2　次の日本語の文に合うように，＝＝＝＝に適する語を1つ書きましょう。
　　　　　　　　　　　　　　　　　　　　　　　　　　　　　　（5点×3＝15点）

(1) 彼女は英語が好きです。

She ＿＿＿＿＿ English.

(2) その女性はソフトボールをしません。

The woman ＿＿＿＿＿ play softball.

(3) 彼は読書が好きですか。 — はい，好きです。

＿＿＿＿＿ he like reading?

— Yes, he ＿＿＿＿＿ .

Q3 次の日本語の文に合うように，（　　　）内の語を並べかえ，＝＝＝ に書きましょう。ただし，文のはじめにくる語も小文字になっています。(8点×3＝24点)

(1) 私のお母さんはパンダが好きです。（ mother / likes / pandas / my ）.

_____

_____ •

_____

(2) 私の息子はサッカーをしません。（ son / soccer / my / play / doesn't ）.

_____

_____ •

(3) 彼女は日本が好きですか。

　（ like / she / Japan / does ）?

_____ **?**

_____

Q4 次の日本語の文を英語の文にかえ，＝＝＝ に書きましょう。(13点×4＝52点)

(1) 彼はヘビ (snakes) が好きではありません。

_____

_____

_____

(2) ユカ (Yuka) は毎週テニスをします。

_____

_____

_____

(3) 彼女は毎日ギターを演奏しますか。

_____

_____

_____

(4) その男性は夏が好きですか。— はい，好きです。

　Does the man like summer? ——— _____

_____

43

セクション 16 彼はスマートフォンを持っています。 He has a smartphone.

_____ /100点　答え ➡ 別冊 p.11

218

like / play に続いて have (持っている) という動詞を三人称単数現在形にした文を練習しましょう。have の三人称単数現在形は has という形です。

主語	動詞	名詞
I	have	a smartphone.

（私は）（持っている）（スマートフォン）
（私はスマートフォンを持っています。）

主語	動詞	名詞
He	has	a smartphone.

（彼は）（持っている）（スマートフォン）　　（彼はスマートフォンを持っています。）

身の回りのもののワードリスト

smartphone (スマートフォン)　car (車)
computer (コンピューター)　notebook (ノート)　camera (カメラ)
racket (ラケット)　book (本)　cap (ぼうし)

体調不良を表すワードリスト

fever (熱)　cold (風邪)　headache (頭がいたい)

Q1 次の日本語の文に合うように，（　　　）内から正しいほうを選び，〇でかこみましょう。

（10点×4＝40点）

❶ 私の先生は2台の車を持っています。 My teacher (has / have) two cars.

❷ 彼は熱があります。 He (has / have) a fever.

❸ あなたのお父さんはよいコンピューターを持っています。
Your father (has / have) a good computer.

❹ 彼女は4冊のノートを持っています。 She (is has / has) four notebooks.

Q2 次の日本語の文に合うように,（　　　）内の語を並べかえ, ＝＝＝ に書きましょう。ただし, 文のはじめにくる語も小文字になっています。（10点×3＝30点）

❶ その生徒は風邪をひいています。（ student / has / the / a cold ）.

_____

_____ ．

❷ マイクは3台のカメラを持っています。（ has / Mike / cameras / three ）.

_____

_____ ．

❸ その女性はいくつかのラケットを持っています。
（ woman / some / has / rackets / the ）.

_____

_____ ．

Q3 次の日本語の文を英語の文にかえ, ＝＝＝ に書きましょう。（10点×3＝30点）

❶ 私のお母さん（my mother）は頭がいたいです。

_____

_____

❷ その少女（the girl）は数冊の本を持っています。

_____

_____

_____

❸ 彼は5つのぼうしを持っています。

_____

_____

┌───┐
│ ■ ポイント▶ 三人称単数現在形のsのつけ方

have が has になる練習をしましたが, そのほかにも, そのままsをつけるのではなく, 語のおわりを少し変えてsをつけなければならない動詞があります。
・go「行く」→ goes　・watch「見る」→ watches　・cry「泣く」→ cries
・wash「洗う」→ washes　・study「勉強する」→ studies
└───┘

パート3　現在の文③（いろいろな動詞）

45

答え ➡ 別冊 p.12

セクション 17

彼はハムスターを飼っていません。
He does not have any hamsters.

219

He has ～.やShe has ～.の文を否定文にするときには，hasの前にdoes notや doesn'tを置きます。このときhasをhaveに直すことを忘れないように注意しましょう。また否定文ではsome（いくつかの）はanyに書きかえます。not＋anyの文では「まったく～ない」という意味になります。

主語	動詞	名詞	
He	has	some	hamsters.

（彼は）（飼っている）（いくつかの）　（ハムスター）
（彼は何びきかのハムスターを飼っています。）

主語	does not＋動詞のもとの形		名詞
He	does not[doesn't]	have	any	hamsters.

（彼は）　　　　（飼っていない）　　　（まったく）　（ハムスター）
（彼はハムスターをまったく飼っていません。）

動物・人のワードリスト

pet（ペット）　　cat（ネコ）　　hamster（ハムスター）　dog（イヌ）
rabbit（ウサギ）　brother（兄弟）　child（子ども）　daughter（娘）
sister（姉妹）　　son（息子）　　friend（友達）

Q1 次の日本語の文に合うように，（　　　）内から正しいほうを選び，〇でかこみましょう。
（10点×4＝40点）

❶ 彼女はネコを飼っていません。

She (does not have / do not have) a cat.

❷ その少年には兄弟がいません。

The boy (is not have / does not have) a brother.

③ ユカはハムスターをまったく飼っていません。

Yuka (doesn't have / don't have) any hamsters.

④ その女性はウサギを飼っていません。

The woman (isn't have / doesn't have) a rabbit.

Q2 次の日本語の文に合うように，（　　　）内の語を並べかえ，＿＿＿ に書きましょう。ただし，文のはじめにくる語も小文字になっています。（10点×3＝30点）

① 彼には子どもがいません。（ a / does / he / not / have / child ）.

_____

_____　•

② その女性には娘がいません。

(have / woman / a / the / doesn't / daughter).

_____

_____　•

③ マイクはペットをまったく飼っていません。

(any / doesn't / have / Mike / pets).

_____

_____　•

Q3 次の日本語の文を英語の文にかえ，＿＿＿ に書きましょう。（10点×3＝30点）

① 私の友達（my friend）には姉妹がまったくいません。

_____

_____

② 彼はイヌを飼っていません。

_____

_____

③ その男性（the man）には息子がいません。

_____

_____

18 彼女は何冊かのマンガを持っていますか。
Does she have any comics?

／100点　答え ➡ 別冊 p.12

220

He has ～.やShe has ～.の文を疑問文にするときには，文のはじめにDoesを置いて表現します。このときhasをhaveに直すことを忘れないようにしましょう。「はい」と答えるときには，Yes, 主語＋does.，「いいえ」と答えるときには，No, 主語＋does not[doesn't].を使います。疑問文や否定文ではsomeの代わりにanyが用いられます。

主語	動詞		名詞	
She	has	some	comics.	（彼女は何冊かのマンガを持っています。）
（彼女は）	（持っている）	（何冊かの）	（マンガ）	

↓

主語	動詞のもとの形		名詞	
Does	she	have	any	comics?	（彼女は何冊かのマンガを持っていますか。）
（彼女は）	（持っている）	（何冊かの）	（マンガ）	

Yes, she does. （はい, 持っています。）/ No, she does not[doesn't].
（いいえ, 持っていません。）

身の回りの物のワードリスト

comic（マンガ）　book（本）　pencil（鉛筆）　computer（コンピューター）
notebook（ノート）　novel（小説）　plastic bag（ビニールぶくろ）

Q1 次の日本語の文に合うように，（　　　）内から正しいほうを選び，〇でかこみましょう。

（10点×4＝40点）

❶ 彼はスマートフォンを持っていますか。— はい, 持っています。
(Does he have / He has) a smartphone? — Yes, (he does / he is).

❷ あなたの息子は美しい写真を持っているのですか。
(Does your son have / Do you son have) beautiful pictures?

❸ ミキはぼうしを持っていますか。— はい, 持っています。
(Does Miki have / Miki does have) a hat? — Yes, (she does / she is).

④ その女の子はいくつかのラケットを持っていますか。— いいえ，持っていません。

Does the girl have any rackets? — No, (she does / she doesn't).

Q2 次の日本語の文に合うように，（　　　）内の語を並べかえ，＿＿＿ に書きましょう。ただし，文のはじめにくる語も小文字になっています。（10点×3＝30点）

① あなたの娘は何冊かの本を持っていますか。

(does / daughter / your / any books / have)?

＿＿＿＿＿＿＿＿＿＿＿＿＿＿＿＿＿＿＿＿＿

＿＿＿＿＿＿＿＿＿＿＿＿＿＿＿＿＿＿＿＿＿ **?**

② マイクは何本かの鉛筆を持っていますか。

(have / does / Mike / any pencils)?

＿＿＿＿＿＿＿＿＿＿＿＿＿＿＿＿＿＿＿＿＿

＿＿＿＿＿＿＿＿＿＿＿＿＿＿＿＿＿＿＿＿＿ **?**

③ 彼女はよいコンピューターを持っていますか。— いいえ，持っていません。

Does she have a good computer? — (not / no / , / she / does).

＿ ＿＿＿＿＿＿＿＿＿＿＿＿＿＿＿＿＿＿＿

＿＿＿＿＿＿＿＿＿＿＿＿＿＿＿＿＿＿＿＿＿ **.**

Q3 次の日本語の文を英語の文にかえ，＿＿＿ に書きましょう。（10点×3－30点）

① その少年はノートを持っていますか。— いいえ，持っていません。

Does the boy have a notebook? ━ ＿＿＿＿＿＿＿＿＿＿＿

＿＿＿＿＿＿＿＿＿＿＿

② その少女はおもしろい小説 (an interesting novel) を持っていますか。

＿＿＿＿＿＿＿＿＿＿＿＿＿＿＿＿＿＿＿＿＿

＿＿＿＿＿＿＿＿＿＿＿＿＿＿＿＿＿＿＿＿＿

③ 彼女はビニールぶくろを持っていますか。

＿＿＿＿＿＿＿＿＿＿＿＿＿＿＿＿＿＿＿＿＿

＿＿＿＿＿＿＿＿＿＿＿＿＿＿＿＿＿＿＿＿＿

答え ➡ 別冊 p.13

セクション

19 彼は放課後，何をしますか。
What does he play after school?

221

三人称単数の名詞が主語になった文の疑問文ではDoes＋主語＋一般動詞のもとの形〜？が使われることを学習しました。ここではそれらの文の先頭に疑問詞のwhat「何を」を置いてWhat＋does＋主語＋動詞のもとの形 〜？「（主語）は何を〜しますか）」という文を作りましょう。whatの代わりにwhere（どこ）/ when（いつ）/ how（どのように）のような疑問詞を置くこともできます。

主語	動詞	名詞	
Does	he	play	soccer	after school?

（彼は）（する）（サッカー）（放課後）
（彼は放課後，サッカーをしますか。）

疑問詞		主語	動詞	
What	does	he	play	after school?

（何を）（彼は）（する）（放課後）
（彼は放課後，何をしますか。）

一般動詞のワードリスト

play（（スポーツを）する /（楽器を）演奏する）　like（好きだ）
have（持っている）　want（ほしい）　eat（食べる）

Q1 次の日本語の文に合うように，（　　）内から正しいほうを選び，〇でかこみましょう。

（10点×4＝40点）

❶ 彼女は昼食に何を好みますか。
What (does she like / do she like) for lunch?

❷ 彼は手の中に何を持っていますか。
What (does he have / is he have) in his hand?

❸ その女性は何をしますか。 What does (the woman plays / the woman play)?

④ その少年は何をほしがっているのですか。

What (is the boy want / does the boy want)?

Q2 次の日本語の文に合うように，（　　　　）内の語を並べかえ，＝＝＝＝ に書きましょう。ただし，文のはじめにくる語も小文字になっています。（10点×3＝30点）

① その少女はそのカバンの中に何を持っているのですか。

(does / what / girl / the / have) in the bag?

_____ **in the bag?**
_____

② その少年は何をほしがっているのですか。 (the / what / does / boy / want)?

_____ **?**
_____

③ 彼は朝食に何を食べますか。 (he / for breakfast / what / does / eat)?

_____ **?**
_____

Q3 次の日本語の文を英語の文にかえ，＝＝＝＝ に書きましょう。（10点×3＝30点）

① その少女は放課後 (after school)，何を演奏しますか。

_____
_____

② あなたの息子 (your son) は夕食に (for dinner) 何を好みますか。

_____
_____

③ あなたの娘 (your daughter) はそのカバンの中に何を持っているのですか。

_____

ポイント▶ my～（私の）など

myは「私の」という意味です。your「あなたの」/ his「彼の」/ her「彼女の」なども使えるようにしましょう。

セクション 20 彼女は毎年, 京都をおとずれます。
She visits Kyoto every year.

_____ /100点　答え➡別冊 p.13

222

ここまで三人称単数の文をlikeとplayとhaveを使って練習してきました。このセクションでは, さまざまな一般動詞を使って練習していきましょう。主語が三人称単数のときは, 動詞の最後に−sをつけることを忘れないようにしましょう。

主語	動詞	名詞	
We	visit	Kyoto	every year.
(私たちは)	(おとずれる)	(京都)	(毎年)

(私たちは毎年, 京都をおとずれます。)

主語	動詞	名詞	
She	visits	Kyoto	every year.
(彼女は)	(おとずれる)	(京都)	(毎年)

(彼女は毎年, 京都をおとずれます。)

一般動詞のワードリスト
visit (おとずれる)　　speak (話す)　　drink (飲む)　　eat (食べる)
walk to ～ (～に歩いて行く)　　write (書く)　　make (作る)
live in ～ (～に住む)　　get up (起きる)

Q1 次の日本語の文に合うように, (　　) 内から正しいほうを選び, ○でかこみましょう。
（10点×4＝40点）

① 彼は英語を話します。 He (speaks / speak) English.

② 私のおばあちゃんは毎朝, 緑茶を飲みます。
My grandmother (drink / drinks) green tea every morning.

③ 彼女は毎日, オレンジを食べます。
She (eats / is eats) oranges every day.

④ その女性は毎日, オフィスに歩いて行きます。
The woman (walks / walk) to the office every day.

Q2 次の日本語の文に合うように，（　　　）内の語を並べかえ，＿＿＿ に書きましょう。ただし，文のはじめにくる語も小文字になっています。（10点×3＝30点）

❶ 私のおじいちゃんは毎月，京都をおとずれます。

（ grandfather / my / Kyoto / visits) every month.

_____ every month.

❷ 彼は毎日，レポートを書きます。

（ a / report / he / writes) every day.

_____ every day.

❸ 彼の娘は毎週，カレーを作ります。

（ daughter / curry / makes / his) every week.

_____ every week.

Q3 次の日本語の文を英語の文にかえ，＿＿＿ に書きましょう。（10点×3＝30点）

❶ 私たちのお父さん (our father) は毎晩 (every night)，ワイン (wine) を飲みます。

_____

_____

❷ その年配の男性 (the elderly man) は大阪 (Osaka) に住んでいます。

_____

_____

❸ マイク (Mike) は，毎朝6時に (at six) 起きます。

_____

_____

　ポイント▶ 時刻を表す表現

「○時に～する」の「○時に」のように「時刻」を表す表現は，atを使ってat＋時刻で表します。at sevenで「7時に」です。

53

セクション 21 彼はテニスを楽しみません。
He does not enjoy tennis.

223

／100点　答え ➡ 別冊 p.14

主語が三人称単数の否定文をさまざまな一般動詞を使って練習しましょう。否定文を作るときには，does not か doesn't を一般動詞の前に置いて作ります。このときの一般動詞はもとの形に直すようにしましょう。

主語　　　動詞　　　名詞

| He | enjoys | tennis. |
（彼は）（楽しむ）（テニス）

（彼はテニスを楽しみます。）

主語　　　does not ＋動詞のもとの形　　　名詞

| He | does not[doesn't] | enjoy | tennis. |
（彼は）　　　（楽しまない）　　　（テニス）

（彼はテニスを楽しみません。）

一般動詞のワードリスト

enjoy（楽しむ）　　drink（飲む）　　eat（食べる）　　cook（料理する）
read（読む）　　go to ～（～に行く）　　use（（道具などを）使う）
paint（（絵を）かく）　　ride（乗る）　　spend（（お金を）使う）
listen to ～（～を聞く）

Q1 次の日本語の文に合うように，（　　　）内から正しいほうを選び，〇でかこみましょう。

（10点×4＝40点）

❶ 彼女はコーヒーを飲みません。 She (is not drink / does not drink) coffee.

❷ 私のお母さんは肉を食べません。 My mother (doesn't eat / not eat) meat.

❸ その男性は夕食を料理しません。
The man (don't cook / doesn't cook) dinner.

❹ 私のお父さんは雑誌を読みません。
My father (does not read / is not read) magazines.

Q2 次の日本語の文に合うように，（　　　）内の語を並べかえ，＝＝＝ に書きましょう。ただし，文のはじめにくる語も小文字になっています。（10点×3＝30点）

❶ その男性は沖縄に行きません。

（ man / doesn't / the / Okinawa / go to ）.

_____

_____　•

❷ その女性は，スマートフォンを使いません。

（ does / the / woman / not / use / a smartphone ）.

_____

_____　•

❸ ナンシーは絵をかきません。

（ Nancy / paint / doesn't / pictures ）.

_____

_____　•

Q3 次の日本語の文を英語の文にかえ，＝＝＝ に書きましょう。（10点×3＝30点）

❶ 私のお父さんは自転車 (a bike) に乗りません。

_____

_____

❷ デイビッド (David) はまったくお金 (any money) を使いません。

_____

_____

❸ 彼女は彼女のお父さん (her father) の言うことを聞きません。

_____

_____

ポイント▶ picture の意味

picture には「絵」と「写真」の両方の意味があります。
He takes pictures of Mt. Fuji.「彼は富士山の写真をとります。」

答え ➡ 別冊 p.14

セクション

22 彼女は毎朝，牛乳を飲みますか。
Does she drink milk every morning?

＿＿＿＿＿＿／100点

224

主語が三人称単数の疑問文をさまざまな一般動詞を使って練習しましょう。疑問文を作るときには，文のはじめに Does を置きます。このときの一般動詞はもとの形に直すようにしましょう。「はい」と答えるときには Yes, 主語 + does., 「いいえ」と答えるときには No, 主語 + does not[doesn't]. と表します。

主語	動詞	名詞	
She	drinks	milk	every morning.
（彼女は）	（飲む）	（牛乳）	（毎朝）

（彼女は毎朝，牛乳を飲みます。）

↓

	主語	動詞のもとの形	名詞	
Does	she	drink	milk	every morning?
	（彼女は）	（飲む）	（牛乳）	（毎朝）

（彼女は毎朝，牛乳を飲みますか。）

Yes, she does. （はい，飲みます。） / No, she does not[doesn't]. （いいえ，飲みません。）

一般動詞のワードリスト

drink （飲む）	study （勉強する）	eat （食べる）
take （（写真を）とる）	speak （話す）	cook （料理する）
visit （おとずれる）	write （書く）	stay （滞在する）

Q1 次の日本語の文に合うように，（　　　）内から正しいほうを選び，〇でかこみましょう。

（10点×4＝40点）

❶ あなたのお母さんは中国語を勉強しますか。

（ Does your mother study / Is your mother study ）Chinese?

❷ 彼は毎日，サラダを食べますか。

（ Does he eat / Do he eat ）salad every day?

③ ナンシーは毎朝，コーヒーを飲みますか。— いいえ，飲みません。

Does Nancy drink coffee every morning? — No, (she doesn't / she isn't).

④ あなたのお父さんは，富士山の写真をとるのですか。— いいえ，とりません。

Does your father take pictures of Mt. Fuji? — No, (he doesn't / he don't).

Q2 次の日本語の文に合うように，（　　　）内の語を並べかえ，＝＝＝ に書きましょう。ただし，文のはじめにくる語も小文字になっています。（10点×3＝30点）

① あなたのお父さんは日本語を話しますか。

(speak / father / does / your) Japanese?

Japanese?

② 彼女は毎年，夏に北海道をおとずれるのですか。

(does / visit / she / Hokkaido) every summer?

every summer?

③ その男性は昼食を料理しますか。— いいえ，しません。

Does the man cook lunch? — (no /, / does / not / he).

— •

Q3 次の日本語の文を英語の文にかえ，＝＝＝ に書きましょう。（10点×3＝30点）

① あなたの妹 (your sister) は毎日 (every day) フライドポテト (French fries) を食べるのですか。

② あなたのお母さん (your mother) は毎年，春 (every spring) に沖縄に (in Okinawa) 滞在するのですか。

③ その男性は手紙を書きますか。— いいえ，書きません。

Does the man write letters? —

答え ➡ 別冊 p.15

セクション
23
彼は夕食後に皿を洗います。
He washes the dishes after dinner.

225

／100点

このセクションでも三人称単数の主語が使われている文の練習をしていきます。watch，wash，goのようにch，sh，oで終わる動詞にはesをつけます。またstudyのようにyで終わる動詞にはyをiに変えてからesをつけるものもあります。

主語	動詞	名詞	
I	wash	the dishes	after dinner.
（私は）	（洗う）	（皿）	（夕食後に）

（私は夕食後に皿を洗います。）

主語	動詞	名詞	
He	washes	the dishes	after dinner.
（彼は）	（洗う）	（皿）	（夕食後に）

（彼は夕食後に皿を洗います。）

esをつける動詞のワードリスト

wash（洗う）→ washes　watch（見る）→ watches　go（行く）→ goes

yをiに変えてesをつける動詞のワードリスト

study（勉強する）→ studies　　try（ためす，挑戦する）→ tries

Q1 次の日本語の文に合うように，（　　　）内から正しいほうを選び，〇でかこみましょう。

（10点×4＝40点）

① 彼は毎晩，YouTubeの動画を見ます。

He (watches / watch) YouTube videos every night.

② 彼女はイタリアで音楽の勉強をしています。 She (study / studies) music in Italy.

③ その男性はいつも何かに挑戦しています。

The man always (tries / try) something.

④ ケイトは毎年，夏にハワイへ行きます。 Kate (go / goes) to Hawaii every summer.

Q2 次の日本語の文に合うように，（　　　）内の語を並べかえ， ===== に書きましょう。ただし，文のはじめにくる語も小文字になっています。（10点×3＝30点）

❶ ジョンは夕食前に手を洗います。（ washes / his hands / John ）before dinner.

_____ before dinner.

❷ マユは7時30分に学校に行きます。（ goes / Mayu / school / to ）at 7:30.

_____ at 7:30.

❸ その女性はサッカーの試合を見ます。
（ woman / watches / a soccer game / the ）.

_____ .

Q3 次の日本語の文を英語の文にかえ， ===== に書きましょう。（10点×3＝30点）

❶ 彼女はテレビで（on TV）ボクシングの試合（a boxing match）を見ます。

_____

❷ 彼は夕食後（after dinner）に英語の勉強をします。

_____

❸ その少年はおもしろいこと（interesting things）に挑戦します。

_____

> **ポイント▶ y で終わっている動詞**
>
> y で終わっている動詞でも s をつけるだけのものもあります。
> play（（スポーツを）する，（楽器を）演奏する）→ plays
> enjoy（楽しむ）→ enjoys

パート3 現在の文③（いろいろな動詞）

セクション

24 彼は土曜日に学校に行きません。
He does not go to school on Saturdays.

226

_____ /100点　答え ➡ 別冊 p.15

三人称単数の名詞が主語になっている文の否定文を作る練習をしましょう。動詞は watch, wash, go, try, cry, study を使います。主語＋ does not [doesn't] ＋ 動詞のもとの形という語順に気をつけて練習をしましょう。

主語	動詞		
He	goes	to school	on Saturdays.

（彼は）（行く）（学校に）（土曜日に）
（彼は土曜日に学校に行きます。）

主語	does not ＋動詞のもとの形			
He	does not[doesn't]	go	to school	on Saturdays.

（彼は）（行かない）（学校に）（土曜日に）
（彼は土曜日に学校に行きません。）

一般動詞のワードリスト

go（行く）　　watch（見る）　　try（ためす, 挑戦する）
study（勉強する）　wash（洗う）　cry（泣く）

Q1 次の日本語の文に合うように，（　　）内から正しいほうを選び，〇でかこみましょう。　　　　（10点×4＝40点）

① 彼はYouTubeの動画を見ません。
He (does not watch / is not watch) YouTube videos.

② その男性は何も挑戦しません。 The man (don't try / doesn't try) anything.

③ 彼女は泣きません。 She (doesn't cry / isn't cry).

④ ミキは1人では外出しません。
Miki (does not go / do not go) out alone.

Q2 次の日本語の文に合うように，（　　　　）内の語を並べかえ，＝＝＝ に書きましょう。ただし，文のはじめにくる語も小文字になっています。（10点×3＝30点）

❶ その生徒は英語を勉強しません。
(student / the / doesn't / English / study).

_____

_____ •

❷ 私のお父さんは皿を洗いません。
(doesn't / father / wash / my / dishes / the).

_____

_____ •

❸ その少年は土曜日に学校に行きません。
(boy / does / the / not / to school / go) on Saturdays.

_____

_____ on Saturdays.

Q3 次の日本語の文を英語の文にかえ，＝＝＝ に書きましょう。（10点×3＝30点）

❶ 彼女はボクシングの試合 (boxing matches) を見ません。

_____

_____

❷ トム (Tom) は泣きません。

_____

_____

❸ その少年は自分の手 (his hands) を洗いません。

_____

_____

> **ポイント▶ wash の使い方**
>
> wash は，さまざまな体の部分を洗うことを表します。wash my hands「私の手を洗う」，wash my face「私の顔を洗う」，wash my hair「私のかみの毛を洗う」などのように使います。

227

25 タクヤは公園に行きますか。
Does Takuya go to the park?

_____ ／100点 答え ➡ 別冊 p.16

三人称単数の名詞が主語になっている文の疑問文とその答え方の練習をしましょう。動詞はwatch, wash, go, try, studyを使います。Does ＋主語＋動詞のもとの形 〜？の語順に気をつけて練習しましょう。また，答え方は「はい」のときはYes, 主語＋does.,「いいえ」のときにはNo, 主語＋does not [doesn't].を使います。

主語 動詞

| Takuya | goes | to the park. | （タクヤは公園に行きます。）
（タクヤは） （行く） （公園に）

↓ 主語 動詞のもとの形

| Does | Takuya | go | to the park? | （タクヤは公園に行きますか。）
（タクヤは） （行く） （公園に）

Yes, he does. (はい，行きます。) / No, he does not[doesn't]. (いいえ，行きません。)

一般動詞のワードリスト

go（行く） watch（見る） wash（洗う）
study（勉強する） try（ためす，挑戦する）

Q1 次の日本語の文に合うように，（ ）内から正しいほうを選び，〇でかこみましょう。

(10点×4＝40点)

❶ 彼女はYouTubeの動画を毎日見るのですか。— はい，見ます。

Does she watch YouTube videos every day? — Yes, (she does / she is).

❷ トムは皿を洗いますか。

(Tom does wash / Does Tom wash) the dishes?

❸ その生徒は英語を勉強しますか。

(Do the student study / Does the student study) English?

④ ジョンはハワイに行きますか。— いいえ，行きません。

(Does John go / Does John goes) to Hawaii? — No, (he isn't / he doesn't).

Q2 次の日本語の文に合うように，（　　　）内の語を並べかえ，＝＝＝ に書きましょう。ただし，文のはじめにくる語も小文字になっています。（10点×3＝30点）

① 彼は夕食前に自分の手を洗いますか。— はい，洗います。

Does he wash his hands before dinner? — (does / yes / , / he).

_____

_____ •

② その少女は学校に行きますか。

(school /does / go to / the girl)?

_____

_____

_____ ?

③ あなたの息子は新しいことに挑戦しますか。

(try / does / new things / your son)?

_____

_____

_____ ?

Q3 次の日本語の文を英語の文にかえ，＝＝＝ に書きましょう。（10点×3＝30点）

① その女性は毎週 (every week) 図書館へ (to the library) 行きますか。

_____

_____

_____

② あなたのお母さんはテレビで (on TV) サッカーの試合 (soccer games) を見ますか。

_____

_____

_____

③ ナミ (Nami) は英語 (English) を勉強しますか。— いいえ，勉強しません。

Does Nami study English? — _____

_____

確認テスト3

出題はんい
セクション **16** ～ セクション **25**

答え ➡ 別冊 p.16

／100点

228

Q1 次の（　）内に入る語句を選び，記号で答えましょう。　　(4点×3＝12点)

(1) 私のお父さんは英語を話します。

My father（　　　）English.

ア speak　イ speaks　ウ is speaks

(2) 彼はよい友達がいます。

He（　　　）good friends.

ア have　イ is　ウ has

(3) 彼女は野球の試合を見ません。

She（　　　）watch the baseball game.

ア doesn't　イ don't　ウ isn't

Q2 次の文で間違っている語を○でかこみ，正しく直して，その語を
＿＿＿ に書きましょう。　　(8点×3＝24点)

(1) マイクは英語を話します。

Mike speak English.

(2) 彼はコーヒーを飲みません。

He is not drink coffee.

(3) あなたのお母さんは毎年，京都をおとずれますか。

Do your mother visit Kyoto every year?

Q3 次の日本語の文に合うように，（　　　）内の語を並べかえ， ＿＿＿ に書きましょう。ただし，文のはじめにくる語も小文字になっています。（8点×3＝24点）

(1) 彼女はイヌを飼っていますか。— はい，飼っています。

(she / does / have / a dog)? — (does / she / yes / ,).

＿＿＿＿＿＿＿＿＿＿＿＿ ? — ＿＿＿＿＿＿＿＿ .

(2) ミキは毎日，何を勉強しますか。

(Miki / study / does / what) every day?

＿＿＿＿＿＿＿＿＿＿＿ every day?

(3) その少年は手の中に数枚のコインを持っています。

(the boy / some coins / has) in his hand.

＿＿＿＿＿＿＿＿＿＿＿ in his hand.

Q4 次の日本語の文を英語の文にかえ， ＿＿＿ に書きましょう。（10点×4＝40点）

(1) マイク (Mike) は英語を話します。

(2) 彼は写真をとります (take pictures)。

(3) 彼女は理科と算数 (science and math) を勉強します。

(4) トム (Tom) は大きいイヌ (a large dog) を飼っていますか。

セクション

26 私は昨日，リコーダーを演奏しました。
I played the recorder yesterday.

_____/100点　答え ➡ 別冊 p.17

229

過去のことを表す表現について勉強しましょう。英語では過去のことを表すときに一般動詞の語のおわりにedをつけます。このセクションではplayをplayedにして「〜しました」という意味の文を作りましょう。過去の文では，yesterday（昨日），〜 ago（〜前）がよく使われます。

主語	動詞	名詞	
I	play	the recorder	every day.

（私は）（演奏する）　（リコーダー）　（毎日）
（私は毎日，リコーダーを演奏します。）

主語	動詞の過去形	名詞	
I	played	the recorder	yesterday.

（私は）（演奏した）　（リコーダー）　（昨日）
（私は昨日，リコーダーを演奏しました。）

昨日

スポーツ・楽器のワードリスト

rugby（ラグビー）　　　soccer（サッカー）　softball（ソフトボール）
baseball（野球）　　　basketball（バスケットボール）
dodge ball（ドッジボール）　recorder（リコーダー）　　piano（ピアノ）
guitar（ギター）　　　violin（バイオリン）

Q1 次の日本語の文に合うように，（　　）内から正しいほうを選び，〇でかこみましょう。

（10点×3＝30点）

❶ 私は昨日，ラグビーをしました。 I (played / was play) rugby yesterday.

❷ 私は2日前にサッカーをしました。 I (play / played) soccer two days ago.

❸ 私はソフトボールをしました。 I (played / plays) softball.

Q2 次の日本語の文に合うように，（　　）内の語を並べかえ， ===== に書きましょう。 （10点×3＝30点）

❶ 私は３週間前に野球をしました。
(I / baseball / played / three weeks ago).

_____

_____ •

❷ 私は昨日，バスケットボールをしました。
(yesterday / I / played / basketball).

_____

_____ •

❸ 私は４日前にピアノを演奏しました。
(the / I / four days ago / piano / played).

_____

_____ •

Q3 次の日本語の文を英語の文にかえ， ===== に書きましょう。 （10点×4＝40点）

❶ 私は昨日，ギターを演奏しました。

_____

_____

❷ 私は５日前に (five days ago) リコーダーを演奏しました。

_____

_____

❸ 私は昨日，バイオリンを演奏しました。

_____

_____

❹ 私は１週間前に (a week ago) ドッジボールをしました。

_____

_____

セクション

27 彼女は昨日, サッカーをしました。
She played soccer yesterday.

230

／100点　答え ➡ 別冊 p.17

セクション26ではplayedを使った文を練習しました。そのときには主語にIを使いましたが，過去のことを表す文では主語がI以外のどのような語でも動詞の形は同じです。現在形の文のI play 〜.とHe plays 〜.のような動詞の形の違いはありません。

主語	動詞の過去形	名詞	
I	played	soccer	yesterday.
（私は）	（した）	（サッカー）	（昨日）

（私は昨日, サッカーをしました。）

主語	動詞の過去形	名詞	
She	played	soccer	yesterday.
（彼女は）	（した）	（サッカー）	（昨日）

（彼女は昨日，サッカーをしました。）

スポーツ・楽器のワードリスト

soccer (サッカー)　　baseball (野球)　basketball (バスケットボール)
recorder (リコーダー)　guitar (ギター)　piano (ピアノ)　drums (ドラム)

時を表すワードリスト

last week (先週)　　last month (先月)　　last＋曜日 (先週の〜曜日)

Q1 次の日本語の文に合うように，（　　　）内から正しいほうを選び，○でかこみましょう。
（10点×3＝30点）

❶ 私はテニスをしました。 I (played / was played) tennis.

❷ その少女は先週の月曜日にバイオリンを演奏しました。
The girl (plays / played) the violin last Monday.

❸ その生徒たちは先月，ソフトボールをしました。
The students (were played / played) softball last month.

Q2 次の日本語の文に合うように，（　　　）内の語を並べかえ，＿＿＿ に書きましょう。ただし，文のはじめにくる語も小文字になっています。（10点×3＝30点）

① 私のお父さんは先週，野球をしました。

(father / my / played / baseball) last week.

_____ last week.

② 彼は先週の日曜日にリコーダーを演奏しました。

(the / he / played / recorder) last Sunday.

_____ last Sunday.

③ 私の妹は先週の土曜日にバスケットボールをしました。

(basketball / sister / my / played) last Saturday.

_____ last Saturday.

Q3 次の日本語の文を英語の文にかえ，＿＿＿ に書きましょう。（10点×4＝40点）

① その女性 (the woman) は先週の金曜日に (last Friday) ギターを演奏しました。

_____

_____

② 彼女は先週の木曜日に (last Thursday) ピアノを演奏しました。

_____

_____

③ マイク (Mike) は先週，ドラムを演奏しました。

_____

_____

④ 彼は先月，サッカーをしました。

_____

_____

セクション

28 私は昨年, コンサートを楽しみました。
I enjoyed the concert last year.

／100点　答え ➡ 別冊 p.18

231

playedに続いてさまざまな一般動詞の過去形を使って練習をしていきましょう。enjoy
やhelpのようにedを後ろにつけるもの以外に, likeやuseのようにeで終わっている
動詞はlikedやusedのようにdのみをつけて表します。またstudyはyをiに変えてed
をつけ, studiedにします。

主語	動詞	名詞	
I	enjoy	the concert	every year.

（私は）（楽しむ）（コンサート）（毎年）
（私は毎年, コンサートを楽しみます。）

主語	動詞の過去形	名詞	
I	enjoyed	the concert	last year.

（私は）（楽しんだ）（コンサート）（昨年）
（私は昨年, コンサートを楽しみました。）

昨年

一般動詞の過去形の作り方

enjoy（楽しむ）/ help（助ける, 手伝う）　→ edをつける
like（好きだ）/ use（使う）　　　　　　　→ dだけをつける
study（勉強する）　　　　　　　　　　　→ yをiに変えてedをつける

Q1 次の日本語の文に合うように, （　　　）内から正しいほうを選び,
〇でかこみましょう。
（10点×3＝30点）

❶ 私たちは修学旅行を楽しみました。
We (enjoyed / played) the school trip.

❷ 彼らはそのお笑い芸人が好きでした。
They (liked / were liked) the comedian.

❸ 私は昨晩, 社会科を勉強しました。
I (study / studied) social studies last night.

70

Q2 次の日本語の文に合うように,（　　　　）内の語を並べかえ, ＿＿＿ に書きましょう。ただし, 文のはじめにくる語も小文字になっています。（10点×3＝30点）

① その少年は昨日, 彼のお父さんを手伝いました。

(his / the boy / helped / father) yesterday.

_____ yesterday.

② その生徒たちは昨晩, コンサートを楽しみました。

(enjoyed / the students / the concert) last night.

_____ last night.

③ その男性は若い女性を助けました。

(a / the man / helped / young woman).

_____ .

Q3 次の日本語の文を英語の文にかえ, ＿＿＿ に書きましょう。（10点×4＝40点）

① 私はその古い映画 (the old movie) が好きでした。

_____

_____

② 私の息子 (my son) は先週 (last week), 理科を勉強しました。

_____

_____

③ その生徒たち (the students) は学園祭 (the school festival) を楽しみました。

_____

_____

④ 私たちは昨晩 (last night), そのコンピューター (the computer) を使いました。

_____

_____

71

セクション

29 私は大きなイヌを飼っていました。
I had a large dog.

_____／100点　答え ➡ 別冊 p.18

232

一般動詞を過去形にするとき，playedやlikedのようにedやdをつけるのではなく，不規則に形が変わるものがあります。have → had，eat → ateのように，不規則に形が変わる動詞を使って練習しましょう。

主語	動詞	名詞
I	have	a large dog.
（私は）	（飼っている）	（大きなイヌ）

（私は大きなイヌを飼っています。）

主語	動詞の過去形	名詞
I	had	a large dog.
（私は）	（飼っていた）	（大きなイヌ）

（私は大きなイヌを飼っていました。）

不規則動詞のワードリスト

have（持っている）→ had（持っていた）　　take（とる）→ took（とった）
go to 〜（〜に行く）→ went to 〜（〜に行った）
see（見る，会う）→ saw（見た，会った）　　eat（食べる）→ ate（食べた）

Q1 次の日本語の文に合うように，（　　　）内から正しいほうを選び，〇でかこみましょう。

（10点×3＝30点）

① 私はコンピューターを持っていました。
I (had / ate) a computer.

② 彼女は今朝，シャワーを浴びました。
She (takes / took) a shower this morning.

③ 私たちは昨年の夏にハワイに行きました。
We (went / were go) to Hawaii last summer.

Q2 次の日本語の文に合うように，（　　　）内の語を並べかえ，＝＝＝ に書きましょう。ただし，文のはじめにくる語も小文字になっています。（10点×3＝30点）

❶ 彼は3日前，大きな鳥を見ました。

（ saw / he / large / bird / a ）three days ago.

＿＿＿＿＿＿＿＿＿＿＿＿＿＿＿ three days ago.

❷ 私には親切な友達がいました。　（ a / I / had / friend / kind ）.

＿＿＿＿＿＿＿＿＿＿＿＿＿＿＿ .

❸ 私の兄は昨日，ハンバーガーを食べました。

（ brother / my / ate / hamburger / a ）yesterday.

＿＿＿＿＿＿＿＿＿＿＿＿＿＿＿ yesterday.

Q3 次の日本語の文を英語の文にかえ，＝＝＝ に書きましょう。（10点×4＝40点）

❶ 彼らは先週 (last week)，沖縄 (Okinawa) に行きました。

＿＿＿＿＿＿＿＿＿＿＿＿＿＿＿＿＿＿＿＿＿＿

❷ 私たちはかわいいハムスター (a cute hamster) を飼っていました。

＿＿＿＿＿＿＿＿＿＿＿＿＿＿＿＿＿＿＿＿＿＿

❸ 彼は昨晩 (last night)，人気のある歌手 (a popular singer) を見ました。

＿＿＿＿＿＿＿＿＿＿＿＿＿＿＿＿＿＿＿＿＿＿

❹ その男性は数枚の美しい写真 (some beautiful pictures) をとりました。

＿＿＿＿＿＿＿＿＿＿＿＿＿＿＿＿＿＿＿＿＿＿

セクション

30 私は先週の月曜日に理科を勉強しませんでした。
I did not study science last Monday.

＿＿＿＿＿／100点　答え ➡ 別冊 p.19

233

一般動詞の過去形を使った文を否定文にするときには主語＋ did not[didn't]＋動詞のもとの形で表します。did notやdidn'tの後ろでは動詞をもとの形に直すことに注意しましょう。

主語	動詞の過去形	名詞	
I	studied	science	last Monday.

（私は）（勉強した）（理科）（先週の月曜日に）
（私は先週の月曜日に理科を勉強しました。）

先週の月曜日

主語	did not ＋動詞のもとの形	名詞	
I	did not[didn't] study	science	last Monday.

（私は）（勉強しなかった）（理科）（先週の月曜日に）
（私は先週の月曜日に理科を勉強しませんでした。）

一般動詞のワードリスト

study（勉強する）→ studied（勉強した）　　like（好きだ）→ liked（好きだった）
see（見る，会う）→ saw（見た，会った）　　have（持っている）→ had（持っていた）
go to～（～に行く）→ went to～（～に行った）　eat（食べる）→ ate（食べた）
watch（見る）→ watched（見た）

Q1 次の日本語の文に合うように，（　　）内から正しいほうを選び，〇でかこみましょう。
（10点×3＝30点）

① 私たちはそのチームが好きではありませんでした。
We (did not like / not liked) the team.

② 私は昨日，友達に会いませんでした。
I (don't see / didn't see) my friend yesterday.

③ 彼らは昨晩，パーティーをしませんでした。
They (did not have / were not have) a party last night.

Q2 次の日本語の文に合うように，（　　　）内の語を並べかえ，＿＿＿ に書きましょう。ただし，文のはじめにくる語も小文字になっています。（10点×3＝30点）

① リクはその先生が好きではありませんでした。
（ the / didn't / Riku / like / teacher ）.

_____

② その生徒たちは算数を勉強しませんでした。
（ study / students / math / the / didn't ）.

_____

③ 私の家族は先週，奈良には行きませんでした。
（ family / didn't / to Nara / my / go ）last week.

_____

_____ last week.

Q3 次の日本語の文を英語の文にかえ，＿＿＿ に書きましょう。（10点×4＝40点）

① 彼らは先週の火曜日に（last Tuesday）理科（science）を勉強しませんでした。

_____

_____

② 彼女は昨日（yesterday），何も（anything）食べませんでした。

_____

_____

③ その男性はそのサッカーの試合（the soccer game）を見ませんでした。

_____

_____

④ 彼らは昨年の夏に（last summer）ハワイ（Hawaii）に行きませんでした。

_____

_____

セクション
31

あなたはその歌手が好きでしたか。
Did you like the singer?

／100点　答え ➡ 別冊 p.19

234

過去形の一般動詞を使った文を疑問文にするときにはDid＋主語＋動詞のもとの形 ～？で表します。三人称単数現在形の否定文のときと同じように動詞をもとの形にもどすことに注意しましょう。

主語	動詞	名詞
You	liked	the singer.
(あなたは)	(好きだった)	(その歌手)

(あなたはその歌手が好きでした。)

主語	動詞のもとの形	名詞
Did	you	like	the singer?

(あなたは) (好き) (その歌手)

(あなたはその歌手が好きでしたか。)

一般動詞のワードリスト

like (好きだ) → liked (好きだった)
eat (食べる) → ate (食べた)
enjoy (楽しむ) → enjoyed (楽しんだ)
see (見る, 会う) → saw (見た, 会った)

study (勉強する) → studied (勉強した)
go to ～ (～に行く) → went to ～ (～に行った)
have (持っている) → had (持っていた)
clean (そうじする) → cleaned (そうじした)

Q1 次の日本語の文に合うように，(　　　) 内から正しいほうを選び，〇でかこみましょう。

(10点×3＝30点)

❶ 彼らはその映画が好きでしたか。

(Did they like / Do they like) the movie?

❷ その少年は昨晩，算数を勉強しましたか。

(Was the boy study / Did the boy study) math last night?

❸ 彼女はフライドポテトを食べましたか。

(Did she eat / She did ate) French fries?

Q2 次の日本語の文に合うように，（　　　）内の語を並べかえ，＝＝＝ に書きましょう。ただし，文のはじめにくる語も小文字になっています。（10点×3＝30点）

❶ あなたのお母さんは先月，沖縄へ行きましたか。

(your mother / did / to Okinawa / go) last month?

_____ last month?

❷ あなたたちは昨日，コンサートを楽しみましたか。

(concert / enjoy / did / you / the) yesterday?

_____ yesterday?

❸ その女性はコンピューターを持っていましたか。

(did / have / woman / the / a computer)?

_____ ?

Q3 次の日本語の文を英語の文にかえ，＝＝＝ に書きましょう。（10点×4＝40点）

❶ その男性は昔のクラスメート (his old classmate) に会ったのですか。

_____

❷ 彼女はペット (a pet) を飼っていましたか。

_____

❸ あなたの娘は自分の部屋 (her room) をそうじしましたか。

_____

❹ あなたたちは夏祭り (the summer festival) を楽しみましたか。

_____

／100点　答え ➡ 別冊 p.20

セクション

32 「彼らは～しましたか」に対する答え方
Yes, they did. / No, they did not.

235

一般動詞の過去形を使った文を疑問文にするときにはDid＋主語＋動詞のもとの形～？で表すことは学習しましたね。答えるときには，「はい」の場合はYes, 主語＋did.を使います。「いいえ」の場合はNo, 主語＋did not［didn't］.を使います。

Did	主語	動詞のもとの形		名詞

Did	they	clean	the room	yesterday?
	（彼らは）	（そうじする）	（その部屋）	（昨日）

（彼らは昨日，その部屋をそうじしましたか。）

Yes, they did. (はい, しました。) / No, they did not[didn't]. (いいえ, しませんでした。)

一般動詞のワードリスト

clean（そうじする） → cleaned（そうじした）　　like（好きだ） → liked（好きだった）
have（持っている） → had（持っていた）　　see（見る，会う） → saw（見た，会った）
visit（おとずれる） → visited（おとずれた）　　study（勉強する） → studied（勉強した）
eat（食べる） → ate（食べた）　　drink（飲む） → drank（飲んだ）
go to ～（～に行く） → went to ～（～に行った）

Q1 次の日本語の文に合うように，（　　　）内から正しいほうを選び，〇でかこみましょう。

（10点×3＝30点）

❶ あなたはそのお笑い芸人が好きでしたか。 ― はい，好きでした。
Did you like the comedian? ― Yes, (you did / I did).

❷ 彼らはコンピューターを持っていましたか。 ― いいえ，持っていませんでした。
Did they have a computer? ― No, (they did not / they were not).

❸ あなたたちは昔の友達に会いましたか。 ― いいえ，会いませんでした。
Did you see your old friends? ― No, (he didn't / we didn't).

Q2 次の日本語の文に合うように，（　　）内の語を並べかえ，＝＝＝に書きましょう。ただし，文のはじめにくる語も小文字になっています。（10点×3＝30点）

① あなたの両親は先月，沖縄をおとずれましたか。— いいえ，おとずれませんでした。
Did your parents visit Okinawa last month? — (, / no / didn't / they).
— _____ ・

② その生徒たちは昨晩，英語を勉強しましたか。— はい，勉強しました。
Did the students study English last night? — (they / , / did / yes).
— _____ ・

③ 彼女はすしを食べましたか。— いいえ，食べませんでした。
Did she eat sushi? — (she / not / did / , / no).
— _____ ・

Q3 次の日本語の文を英語の文にかえ，＝＝＝に書きましょう。（10点×4＝40点）

① あなたは昨日，社会科を勉強しましたか。— いいえ，勉強しませんでした。
Did you study social studies yesterday?— _____

② あなたのお母さんはオレンジジュースを飲みましたか。— いいえ，飲みませんでした。
Did your mother drink orange juice?— _____

③ その男性は昨年の夏にイタリアに行きましたか。— はい，行きました。
Did the man go to Italy last summer?— _____

④ ナンシーはその俳優が好きだったのですか。— いいえ，好きではありませんでした。
Did Nancy like the actor?— _____

セクション

33 あなたは昨晩，何を勉強しましたか。
What did you study last night?

236

＿＿＿＿＿／100点　答え ➡ 別冊 p.20

一般動詞の過去形を使った疑問文はDid＋主語＋動詞のもとの形（原形）〜？で表すことができました。この疑問文のはじめにWhat「何」という疑問詞をつけると「（主語は）何をしましたか」という意味の文を作ることができます。

主語　　動詞の過去形　　　名詞

You	studied	English	last night.
（あなたは）	（勉強した）	（英語）	（昨晩）

（あなたは昨晩，英語を勉強しました。）

疑問詞　　　　　　主語　動詞のもとの形

What	did	you	study	last night?
（何を）		（あなたは）	（勉強する）	（昨晩）

（あなたは昨晩，何を勉強しましたか。）

一般動詞のワードリスト

study（勉強する）→ studied（勉強した）　　have（持っている）→ had（持っていた）
do（する）→ did（した）　　drink（飲む）→ drank（飲んだ）
eat（食べる）→ ate（食べた）　　cook（料理する）→ cooked（料理した）
say（言う）→ said（言った）

Q1 次の日本語の文に合うように，（　　　）内から正しいほうを選び，〇でかこみましょう。（10点×4＝40点）

❶ 彼女は自分のカバンの中に何を持っていましたか。
What (did she have / was she have) in her bag?

❷ その生徒たちは昨晩，何を勉強しましたか。
What (studied the students / did the students study) last night?

❸ あなたは昨日，何をしましたか。　What (did you do / you did) yesterday?

❹ 彼は何を飲みましたか。　What (did he drink / was he drink)?

Q2 次の日本語の文に合うように，（　　　）内の語を並べかえ，＝＝＝ に書きましょう。ただし，文のはじめにくる語も小文字になっています。（10点×3＝30点）

① トムは先週末に何を食べましたか。（ Tom / what / eat / did) last weekend?

　　　　　　　　　　　　　　　　　last weekend?

② あなたのお母さんは昨日，何を料理しましたか。
（ what / your / did / mother / cook) yesterday?

　　　　　　　　　　　　　　　　　yesterday?

③ 彼は昨晩，何と言いましたか。
（ did / say / what / he) last night?

　　　　　　　　　　　　　　　　　last night?

Q3 次の日本語の文を英語の文にかえ，＝＝＝ に書きましょう。（10点×3＝30点）

① あなたは手の中に (in your hand) 何を持っていましたか。

② その少年は昨日，何を勉強しましたか。

③ あなたの息子たち (your sons) は昨晩 (last night)，何を食べましたか。

┌─ ポイント▶ いろいろな疑問詞 ─

whatの代わりにwhen（いつ）/ where（どこ）/ how（どう，どのように）
why（なぜ）のような疑問詞を置いて文を作ることもできます。
When did you study?（あなたはいつ勉強しましたか。）

答え ➡ 別冊 p.21

セクション

34 私は昨日，いそがしかったです。
I was busy yesterday.

_____ ／100点

237

「～です」という意味を表すbe動詞 (am / is / are) にも過去形があります。現在のことを表すときにはamやisを使いますが，amやisをwasにすると「～でした」と過去のことを表すことができます。then (そのとき)，yesterday (昨日) などの過去を表す語がいっしょによく使われます。

主語	be動詞	形容詞	
I	am	busy	today.

(私は) (～です) (いそがしい) (今日)
(私は今日いそがしいです。)

主語	be動詞の過去形	形容詞	
I	was	busy	yesterday.

(私は) (～でした) (いそがしい) (昨日)

(私は昨日，いそがしかったです。)

昨日

状態や様子を表すワードリスト

busy (いそがしい)　　hungry (おなかがすいた)
tired (つかれた)　　excited (興奮した)　　angry (おこった)
happy (幸せな)　　popular (人気のある)

人を表すワードリスト

pilot (パイロット)　　announcer (アナウンサー)
student (生徒，学生)　　singer (歌手)

Q1 次の日本語の文に合うように，(　　　) 内から正しいほうを選び，○でかこみましょう。

(10点×3＝30点)

① 私はそのとき，いそがしかったです。 I (was / am) busy then.

② 私のお母さんはとてもおなかがすいていました。 My mother (was / is) very hungry.

③ 彼はそのとき，パイロットでした。 He (is / was) a pilot then.

Q2 次の日本語の文に合うように，（　　　）内の語を並べかえ，＝＝＝ に書きましょう。ただし，文のはじめにくる語も小文字になっています。(10点×3＝30点)

① 彼女は3か月前アナウンサーでした。
(an / was / she / announcer) three months ago.

_____ three months ago.

② その男性はそのときつかれていました。
(tired / the / man / was) then.

_____ then.

③ ナンシーはとても興奮していました。
(very / Nancy / excited / was).

_____ .

Q3 次の日本語の文を英語の文にかえ，＝＝＝ に書きましょう。(10点×4＝40点)

① その男性はそのとき，おこっていました。

_____

② デイビッド (David) はそのとき，幸せでした。

_____

③ 彼は2年前 (two years ago) 生徒でした。

_____

④ その女性は人気のある歌手 (a popular singer) でした。

_____

学習日　　月　　日

答え ➡ 別冊 p.21

セクション

35 あなたはとても親切でした。
You were very kind.

238

「〜です」という意味を表すbe動詞 (am / is / are) にも過去形があります。am, is の過去形であるwasを学習しましたが，今回はareの過去形wereを使った英文を練習しましょう。

主語	be動詞		形容詞
You	are	very	kind.
(あなたは)	(〜です)	(とても)	(親切な)

(あなたはとても親切です。)

主語	be動詞の過去形		形容詞
You	were	very	kind.
(あなたは)	(〜でした)	(とても)	(親切な)

(あなたはとても親切でした。)

状態や様子を表すワードリスト

kind (親切な)　　　good (よい)　　　happy (幸せな)
excited (興奮した)　brave (ゆうかんな)　strict (厳しい)

人を表すワードリスト

player (選手)　　boy (少年)　　　brother (兄弟)
teacher (先生)　parents (両親)　teammate (チームメート)

Q1 次の日本語の文に合うように，（　　　）内から正しいほうを選び，〇でかこみましょう。

(10点×4＝40点)

❶ あなたはそのとき，いそがしかったです。　You (were / are) busy then.

❷ 彼らはよい友達でした。　They (were / was) good friends.

❸ あなたたちはクラスメートでした。　You (was / were) classmates.

❹ 彼の両親はとても幸せでした。　His parents (were / was) very happy.

Q2 次の日本語の文に合うように, （　　　）内の語を並べかえ, ＿＿＿ に書きましょう。ただし, 文のはじめにくる語も小文字になっています。（10点×3＝30点）

❶ その選手たちは興奮していました。（ players / the / excited / were ）.

_____

❷ その少年たちは親切でした。（ kind / boys / were / the ）.

_____

❸ 彼らはとてもゆうかんでした。（ very / they / were / brave ）.

_____

Q3 次の日本語の文を英語の文にかえ, ＿＿＿ に書きましょう。（10点×3＝30点）

❶ 私たちはそのとき先生でした。

_____

❷ 彼の両親 (his parents) はとても厳しかったです。

_____

❸ 彼らは2年前 (two years ago) チームメートでした。

_____

	Iか単数名詞が主語	You「あなたは」か複数名詞が主語
現在形	I am ～. He is ～.	You are ～. They are ～.
過去形	I was ～. He was ～.	You were ～. They were ～.

セクション

36 彼はおなかがすいていませんでした。
He was not hungry.

_____／100点　答え ➡ 別冊 p.22

239

be動詞の過去形wasとwereの文を使って「〜ではありませんでした」という意味の否定文を練習しましょう。否定文は現在のことを表すbe動詞のam，is，areと同じようにwasとwereの後ろにnotを置いて表します。またwas notはwasn't，were notはweren'tのように短縮して使うこともできます。

主語	be動詞	形容詞
He	was	hungry.
(彼は)	(〜でした)	(おなかがすいた)

(彼はおなかがすいていました。)

主語	be動詞＋not	形容詞
He	was not[wasn't]	hungry.
(彼は)	(〜ではありませんでした)	(おなかがすいた)

(彼はおなかがすいていませんでした。)

人を表すワードリスト

student (生徒)　writer (作家)　doctor (医者)
singer (歌手)　woman (女性)　comedian (お笑い芸人)
classmate (クラスメート)　friend (友達)

状態や気持ちを表すワードリスト

hungry (おなかがすいた)　brave (ゆうかんな)　excited (興奮した)
kind (親切な)　busy (いそがしい)　good (よい)

Q1 次の日本語の文に合うように，（　　）内から正しいほうを選び，〇でかこみましょう。

（10点×3＝30点）

❶ 私はおなかがすいていませんでした。 I (was not / am not) hungry.

❷ 彼は作家ではありませんでした。 He (isn't / wasn't) a writer.

❸ 私たちはそのとき，ゆうかんではありませんでした。
We (were not / was not) brave then.

Q2 次の日本語の文に合うように，（　　　）内の語を並べかえ，＝＝＝ に書きましょう。ただし，文のはじめにくる語も小文字になっています。（10点×3＝30点）

❶ 彼らは昨年，医者ではありませんでした。
(weren't / they / doctors) last year.

last year.

❷ その男性は興奮していませんでした。
(man / not / the / was / excited).

.

❸ 彼女はそのとき，歌手ではありませんでした。
(wasn't / she / singer / then / a).

.

Q3 次の日本語の文を英語の文にかえ，＝＝＝ に書きましょう。（10点×4＝40点）

❶ その女性はそのとき (then)，お笑い芸人ではありませんでした。

❷ デイビッドとテッド (David and Ted) はいそがしくありませんでした。

❸ 私たちはクラスメートではありませんでした。

❹ 彼らは友達ではありませんでした。

セクション

37 あなたは昨日, おこっていましたか。
Were you angry yesterday?

_____／100点　答え → 別冊 p.22

be動詞の過去形wasとwereを使って,「〜でしたか」という意味の疑問文を練習しましょう。現在のことを表すbe動詞のam, is, areと同じように, wasとwereを文のはじめに置いて表します。文のおわりに？ (クエスチョンマーク) を置くことも忘れないようにしましょう。

状態や様子を表すワードリスト

angry (おこっている)　sad (悲しい)　shy (はずかしがりの)
large (大きい)　strict (厳しい)　beautiful (美しい)　brave (ゆうかんな)

名詞のワードリスト

teammate (チームメート)　tiger (トラ)　mother (お母さん)　teacher (先生)
picture (写真)　classmate (クラスメート)　engineer (エンジニア)

Q1 次の日本語の文に合うように, (　　) 内から正しいほうを選び, 〇でかこみましょう。
(10点×3＝30点)

① 彼女は悲しんでいましたか。(Was she / Is she) sad?

② あなたたちはチームメートでしたか。
(Were you / Did you) teammates?

③ ボブははずかしがりでしたか。(Was Bob / Were Bob) shy?

Q2 次の日本語の文に合うように，（　　　）内の語を並べかえ，＿＿＿ に書きましょう。ただし，文のはじめにくる語も小文字になっています。（10点×3＝30点）

① そのトラは大きかったですか。

(the / tigers / large / were)?

＿＿＿＿＿＿＿＿＿＿＿＿＿＿＿＿＿＿＿＿＿ ?

② 彼のお母さんはそのとき，おこっていましたか。

(angry / his / mother / was) then?

＿＿＿＿＿＿＿＿＿＿＿＿＿＿＿＿＿ then?

③ あなたの先生は厳しかったですか。

(your / teacher / was / strict)?

＿＿＿＿＿＿＿＿＿＿＿＿＿＿＿＿＿＿＿＿ ?

Q3 次の日本語の文を英語の文にかえ，＿＿＿ に書きましょう。（10点×4＝40点）

① その写真は美しかったですか。

② あなたたちは昨年 (last year)，クラスメートでしたか。

③ トム (Tom) はエンジニアでしたか。

④ 彼らはそのとき (then)，ゆうかん (brave) でしたか。

セクション

38 「あなたは〜でしたか」に対する答え方
Yes, I was. / No, I was not[wasn't].

_____ /100点　答え ➡ 別冊 p.23

241

be動詞の過去形wasとwereの文を使った「〜でしたか」という意味の疑問文に対する答え方を練習しましょう。「はい」と答えるときには，Yes, 主語＋was[were].，「いいえ」と答えるときには，No, 主語＋was not [wasn't]. / No, 主語＋were not [weren't].と表します。

| Were | you | tired | yesterday? |

（あなたは昨日つかれていましたか。）

昨日

主語　be動詞の過去形

Yes, | I | was. |　（はい，つかれていました。）

主語　be動詞の過去形＋not

No, | I | was not[wasn't]. |　（いいえ，つかれていませんでした。）

状態や様子を表すワードリスト

tired （つかれた）　　brave （ゆうかんな）　angry （おこっている）
large （大きい）　　　good （よい）　　　　thirsty （のどがかわいた）

人や動物を表すワードリスト

father （お父さん）　brother （兄弟）　　doctor （医者）　　bird （鳥）
friend （友達）　　　woman （女性）　　nurse （看護師）

Q1 次の日本語の文に合うように，（　　　）内から正しいほうを選び，
〇でかこみましょう。　　　　　　　　　　　（10点×4＝40点）

❶ 彼はいそがしかったのですか。— はい，いそがしかったです。
　（ Was he / Is he ）busy? — Yes, (he is / he was).

❷ あなたたちはクラスメートでしたか。— いいえ，ちがいます。
　（ Were you / Did you ）classmates? — No, (we were not / we did not).

❸ ナンシーは親切でしたか。 — いいえ，親切ではありませんでした。

(Was Nancy / Were Nancy) kind? — No, (she wasn't / she weren't).

❹ 彼はのどがかわいていたのですか。 — はい，かわいていました。

Was he thirsty? — Yes, (he was / he were).

Q2 次の日本語の文に合うように，（　　　）内の語を並べかえ，＿＿＿ に書きましょう。ただし，文のはじめにくる語も小文字になっています。(10点×3＝30点)

❶ あなたの兄弟は医者でしたか。

(your / doctors / were / brothers)?

＿＿＿＿＿＿＿＿＿＿＿＿＿＿＿＿＿＿＿＿＿＿＿＿＿

＿＿＿＿＿＿＿＿＿＿＿＿＿＿＿＿＿＿＿＿＿ **?**

＿＿＿＿＿＿＿＿＿＿＿＿＿＿＿＿＿＿＿＿＿＿＿＿＿

❷ あなたのお父さんはおこっていましたか。 — いいえ，おこっていませんでした。

Was your father angry? — (, / no / wasn't / he).

— ＿＿＿＿＿＿＿＿＿＿＿＿＿＿＿＿＿＿＿＿＿＿＿＿

＿＿＿＿＿＿＿＿＿＿＿＿＿＿＿＿＿＿＿＿＿ **.**

❸ 彼らはゆうかんでしたか。 — はい，ゆうかんでした。

(they / were / brave)? — (yes / were / , / they).

＿＿＿＿＿＿＿＿＿ **? —** ＿＿＿＿＿＿＿＿＿ **.**

Q3 次の日本語の文を英語の文にかえ，＿＿＿ に書きましょう。(10点×3＝30点)

❶ その鳥 (the birds) は大きかったですか。

＿＿＿＿＿＿＿＿＿＿＿＿＿＿＿＿＿＿＿＿＿＿＿＿＿

＿＿＿＿＿＿＿＿＿＿＿＿＿＿＿＿＿＿＿＿＿＿＿＿＿

❷ あなたとユカ (you and Yuka) はそのとき，よい友達でしたか。

＿＿＿＿＿＿＿＿＿＿＿＿＿＿＿＿＿＿＿＿＿＿＿＿＿

＿＿＿＿＿＿＿＿＿＿＿＿＿＿＿＿＿＿＿＿＿＿＿＿＿

❸ その女性は看護師でしたか。 — いいえ，看護師ではありませんでした。

Was the woman a nurse? — ＿＿＿＿＿＿＿＿＿＿＿＿

確認テスト4

出題はんい セクション **26 ～ 38**

答え ➡ 別冊 p.23

／100点

242

Q1 次の（　　）内に入る語句を選び，記号で答えましょう。 （3点×3＝9点）

(1) 私は昨日，野球をしました。

I（　　　　）baseball yesterday.

ア play　　イ played　　ウ is play

(2) 私は昨晩，何も食べませんでした。

I（　　　　）anything last night.

ア was not eat　　イ don't eat　　ウ didn't eat

(3) あなたたちは昨日，英語を勉強しましたか。— いいえ，しませんでした。

Did you study English yesterday? — No, we（　　　　）.

ア weren't　　イ don't　　ウ didn't

Q2 次の（　　）内に入る語句を選び，記号で答えましょう。 （3点×3＝9点）

(1) あなたはどこで英語を勉強しましたか。

Where（　　　）study English?

ア did you　　イ were you　　ウ you did

(2) あなたは今朝，何時に起きましたか。

What time（　　　）this morning?

ア you got up　　イ were you get up　　ウ did you get up

(3) 夏祭りはいつでしたか。

When（　　　）the summer festival?

ア did you　　イ was　　ウ were

Q3 次の日本語の文に合うように，（　　　）内の語を並べかえ，＿＿＿ に書きましょう。ただし，文のはじめにくる語も小文字になっています。（10点×3＝30点）

(1) 彼らは大きいイヌを飼っていました。

(a large dog / had / they).

＿＿＿＿＿＿＿＿＿＿＿＿＿＿＿＿＿＿＿

＿＿＿＿＿＿＿＿＿＿＿＿＿＿＿＿＿＿ •

＿＿＿＿＿＿＿＿＿＿＿＿＿＿＿＿＿＿＿

(2) 彼は先月，何を楽しみましたか。

(last month / he / what / enjoy / did)?

＿＿＿＿＿＿＿＿＿＿＿＿＿＿＿＿＿＿＿

＿＿＿＿＿＿＿＿＿＿＿＿＿＿＿＿＿＿ ?

＿＿＿＿＿＿＿＿＿＿＿＿＿＿＿＿＿＿＿

(3) その生徒たちは野球をしましたか。

(the students / baseball / did / play)?

＿＿＿＿＿＿＿＿＿＿＿＿＿＿＿＿＿＿＿

＿＿＿＿＿＿＿＿＿＿＿＿＿＿＿＿＿＿ ?

＿＿＿＿＿＿＿＿＿＿＿＿＿＿＿＿＿＿＿

Q4 次の日本語の文を英語の文にかえ，＿＿＿ に書きましょう。（13点×4＝52点）

(1) 私は昨日，ひま (free) ではありませんでした。

＿＿＿＿＿＿＿＿＿＿＿＿＿＿＿＿＿＿＿

＿＿＿＿＿＿＿＿＿＿＿＿＿＿＿＿＿＿＿

＿＿＿＿＿＿＿＿＿＿＿＿＿＿＿＿＿＿＿

(2) 彼らは昨日，ピザ (a pizza) を食べました。

＿＿＿＿＿＿＿＿＿＿＿＿＿＿＿＿＿＿＿

＿＿＿＿＿＿＿＿＿＿＿＿＿＿＿＿＿＿＿

＿＿＿＿＿＿＿＿＿＿＿＿＿＿＿＿＿＿＿

(3) 私たちは先週 (last week) 大阪に (to Osaka) 行きました。

＿＿＿＿＿＿＿＿＿＿＿＿＿＿＿＿＿＿＿

＿＿＿＿＿＿＿＿＿＿＿＿＿＿＿＿＿＿＿

＿＿＿＿＿＿＿＿＿＿＿＿＿＿＿＿＿＿＿

(4) あなたは昨日，何を勉強しましたか。

＿＿＿＿＿＿＿＿＿＿＿＿＿＿＿＿＿＿＿

＿＿＿＿＿＿＿＿＿＿＿＿＿＿＿＿＿＿＿

＿＿＿＿＿＿＿＿＿＿＿＿＿＿＿＿＿＿＿

セクション

39

私は今, その部屋をそうじしているところです。
I am cleaning the room now.

＿＿＿＿＿＿／100点　答え ➡ 別冊 p.24

243

「(今)〜しているところです」という表現について勉強しましょう。たった今取り組んでいることを伝えるときにはbe動詞 (am, is, are) ＋動詞の–ing形を使います。be動詞は主語によって使い分けましょう。また動詞の–ing形はclean (そうじする) → cleaning, read (読む) →readingのように語のおわりに–ingをつけ足します。

主語	動詞	名詞	
I	clean	the room	every week.

(私は) (そうじする)　　(その部屋)　　　　　(毎週)
(私は毎週, その部屋をそうじします。)

主語	be動詞＋動詞の–ing形	名詞	
I	am cleaning	the room	now.

(私は) (そうじしているところです)　(その部屋)　　(今)　　(私は今, その部屋をそうじしているところです。)

一般動詞のワードリスト

clean (そうじする)　　read (読む)　　　　do (する)　　　wash (洗う)
eat (食べる)　　　　study (勉強する)　drink (飲む)
play ((楽器を) 演奏する)　　　cook (料理する)　　　watch (見る)

Q1 次の日本語の文に合うように, (　　) 内から正しいほうを選び, 〇でかこみましょう。

(10点×3＝30点)

❶ 私たちは今, 教室をそうじしているところです。

We (are cleaning / cleaning) the classroom now.

❷ 彼女は今, 小説を読んでいるところです。

She (reading / is reading) a novel now.

❸ 私は今, 宿題をしているところです。

(I'm doing / I doing) my homework now.

Q2 次の日本語の文に合うように，（　　　）内の語を並べかえ，＿＿＿ に書きましょう。ただし，文のはじめにくる語も小文字になっています。（10点×3＝30点）

❶ 彼女は今，皿を洗っているところです。
（ is / she / washing / dishes / the ）now.

＿＿＿＿＿＿＿＿＿＿＿＿＿＿＿＿ **now.**

❷ その女性は今，マンゴーを食べているところです。
（ eating / woman / is / the / a mango ）now.

＿＿＿＿＿＿＿＿＿＿＿＿＿＿＿＿ **now.**

❸ 私の兄は今，算数を勉強しているところです。
（ studying / is / brother / math / my ）now.

＿＿＿＿＿＿＿＿＿＿＿＿＿＿＿＿ **now.**

Q3 次の日本語の文を英語の文にかえ，＿＿＿ に書きましょう。（10点×4＝40点）

❶ その赤ちゃん（the baby）は今，ミルク（milk）を飲んでいるところです。

＿＿＿＿＿＿＿＿＿＿＿＿＿＿＿＿＿＿＿＿＿

❷ 彼は今，ピアノ（the piano）を演奏しているところです。

＿＿＿＿＿＿＿＿＿＿＿＿＿＿＿＿＿＿＿＿＿

❸ 彼らは今，魚（fish）を料理しているところです。

＿＿＿＿＿＿＿＿＿＿＿＿＿＿＿＿＿＿＿＿＿

❹ 私は今，その野球の試合（the baseball game）を見ているところです。

＿＿＿＿＿＿＿＿＿＿＿＿＿＿＿＿＿＿＿＿＿

40 彼は今，写真をとっているところです。
He is taking a picture now.

244

/ 100点　答え ➡ 別冊 p.24

be動詞 (am, is, are) ＋動詞の-ing形で「～しているところです」という意味を表すことは学習しましたね。ここでは動詞の-ingのつけ方が不規則な動詞を使って練習しましょう。take (とる) のようにeで終わる動詞はeをとってingをつけて，takingとします。sit (すわる) は最後の文字をもう1つ重ねて sitting とします。同じような動詞はほかにrun (走る) →running，swim (泳ぐ) →swimming などがあります。

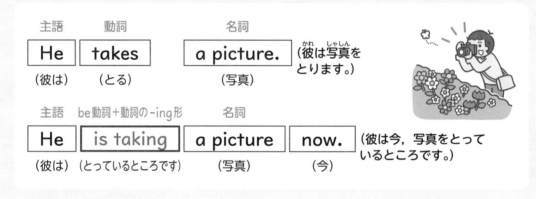

主語	動詞	名詞	
He	takes	a picture.	(彼は写真をとります。)
(彼は)	(とる)	(写真)	

主語	be動詞＋動詞の -ing形	名詞		
He	is taking	a picture	now.	(彼は今，写真をとっているところです。)
(彼は)	(とっているところです)	(写真)	(今)	

一般動詞のワードリスト

take (とる), make (作る), write (書く), use (使う) → eをとってing
run (走る), swim (泳ぐ), sit (すわる) → 最後の文字をもう1つ重ねてing

Q1 次の日本語の文に合うように，（　　　）内から正しいほうを選び，〇でかこみましょう。

(10点×4＝40点)

❶ その男性は走っているところです。　The man (is running / running).

❷ 私は今，アップルパイを作っているところです。
I (am making / is making) an apple pie now.

❸ その小さな子どもはイスにすわっているところです。
The little kid (is sitting / sitting) on the chair.

❹ 私のお母さんは今，手紙を書いているところです。
My mother (is write / is writing) a letter now.

Q2 次の日本語の文に合うように，（　　　）内の語を並べかえ，＝＝＝ に書きましょう。ただし，文のはじめにくる語も小文字になっています。（10点×3＝30点）

❶ その女性はプールで泳いでいるところです。

(woman / is / swimming / the) in the pool.

_____ in the pool.

❷ 彼らは今，しばふにすわっているところです。

(they / sitting / are) on the grass now.

_____ on the grass now.

❸ ミキは今，コンピューターを使っているところです。

(using / Miki / is / computer / a) now.

_____ now.

Q3 次の日本語の文を英語の文にかえ，＝＝＝ に書きましょう。（10点×3＝30点）

❶ 彼女は今，グラウンドを (in the playground) 走っているところです。

_____

❷ 私の友達 (my friends) は今，ケーキ (a cake) を作っているところです。

_____

❸ 私のお父さんは今，写真をとっている (take a picture) ところです。(takeの形を変えましょう)

_____

ポイント▶ ing をつけるときの特別な例

| e をとって ing をつける | take → taking / dance → dancing など |
| 最後の文字を重ねて ing をつける | sit → sitting / swim → swimming など |

セクション
41
私たちは今，サッカーをしているところではありません。
We are not playing soccer now.

＿＿＿＿＿＿／100点　答え ➡ 別冊 p.25

245

be動詞（am，is，are）＋動詞の-ing形「〜しているところです」の否定文を練習しましょう。「〜しているところではありません」という意味の否定文にするには，be動詞のあとにnotを置きます。notはこれまでのbe動詞の否定文の使い方と同じです。

主語	be動詞＋動詞の-ing形	名詞	
We	are playing	soccer	now.

（私たちは）　（しています）　（サッカー）　（今）
（私たちは今，サッカーをしています。）

主語	be動詞＋動詞の-ing形	名詞	
We	are not playing	soccer	now.

（私たちは）（しているところではありません）　（サッカー）　（今）
（私たちは今，サッカーをしているところではありません。）

【一般動詞のワードリスト】

play（（楽器を）演奏する／（スポーツを）する）　　use（使う）
clean（そうじする）　　　eat（食べる）　　　watch（見る）
take（とる）　　　　　　wash（洗う）　　　make（作る）

Q1 次の日本語の文に合うように，（　　　）内から正しいほうを選び，〇でかこみましょう。
（10点×3＝30点）

❶ 私は今，コンピューターを使っているところではありません。
I (am not using / not using) a computer now.

❷ 彼は今，お風呂をそうじしているところではありません。
He (not is cleaning / is not cleaning) the bathroom now.

❸ 私のお父さんは今，バイオリンを演奏しているところではありません。
My father (isn't playing / doesn't playing) the violin now.

Q2 次の日本語の文に合うように，（　　　）内の語を並べかえ，＝＝＝ に書きましょう。ただし，文のはじめにくる語も小文字になっています。（10点×3＝30点）

❶ 彼らは今，フライドチキンを食べているところではありません。
(are / they / not / fried chicken / eating) now.

_____ now.

❷ 彼女は今，テレビでその試合を見ているところではありません。
(not / is / watching / she / the game) on TV now.

_____ on TV now.

❸ 私の兄は今，ギターを演奏しているところではありません。
(brother / isn't / playing / the guitar / my) now.

_____ now.

Q3 次の日本語の文を英語の文にかえ，＝＝＝ に書きましょう。（10点×4＝40点）

❶ 私たちは今，テニス (tennis) をしているところではありません。

_____

❷ トム (Tom) は今，彼の車 (his car) を洗っているところではありません。

_____

❸ 彼らは今，サラダ (a salad) を作っているところではありません。

_____

❹ 彼女は今，写真をとっている (take a picture) ところではありません。（takeの形を変えましょう）

_____

答え ➡ 別冊 p.25

セクション 42

／100点

彼女は今，小説を読んでいるところですか。
Is she reading a novel now?

246

be動詞（am，is，are）＋動詞の-ing形「～しているところです」の疑問文を練習しましょう。「～しているところですか」という意味の疑問文にするには，be動詞を文のはじめに置き，文のおわりに？（クエスチョンマーク）を置きましょう。「はい」と答えるときにはYes, 主語＋be動詞., 「いいえ」と答えるときにはNo, 主語＋be動詞＋not. を使いましょう。これまでのbe動詞の疑問文の答え方と同じです。

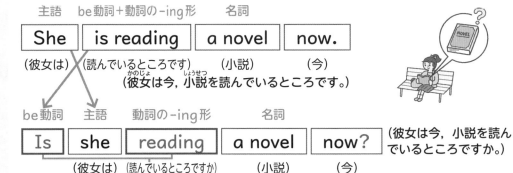

主語　　be動詞＋動詞の-ing形　　名詞

| She | is reading | a novel | now. |

（彼女は）（読んでいるところです）　（小説）　　（今）
（彼女は今，小説を読んでいるところです。）

be動詞　主語　動詞の-ing形　　　名詞

| Is | she | reading | a novel | now? |

（彼女は）（読んでいるところですか）　（小説）　（今）

（彼女は今，小説を読んでいるところですか。）

Yes, she is. （はい，そうです。） ／ No, she is not[isn't]. （いいえ，ちがいます。）

一般動詞のワードリスト

read（読む）　　play（（楽器を）演奏する ／ （スポーツを）する）　　do（する）
make（作る）　　run（走る）　　watch（見る）　　take（とる）
wash（洗う）　　clean（そうじする）　　drink（飲む）

Q1
次の日本語の文に合うように，（　　　）内から正しいほうを選び，〇でかこみましょう。

（10点×4＝40点）

❶ 彼は今，ピアノを演奏しているところですか。— はい，そうです。

（ Is he playing ／ Is he play ）the piano now? — Yes, (he is ／ he does).

❷ あなたのお姉さんは今，小説を読んでいるところですか。

（ Is your sister reading ／ Does your sister reading ）a novel now?

③ あなたは今，宿題をしているところですか。— はい，そうです。

(Are you / Are you doing) your homework now? — Yes, (I am / you are).

④ その少年たちは犬小屋 (a doghouse) を作っているところですか。

(Are the boys / The boys are) making a doghouse?

Q2 次の日本語の文に合うように，（　　　）内の語を並べかえ，＿＿＿ に書きましょう。ただし，文のはじめにくる語も小文字になっています。（10点×3＝30点）

① あなたのお兄さんはグラウンドを走っているところですか。

(is / brother / your / running) in the playground?

_____

_____ in the playground?

② あなたたちは今，野球の試合を見ているところですか。— いいえ，ちがいます。

Are you watching the baseball game now? — (not / , / we / are / no).

— _____

_____ .

③ 彼は今，写真をとっているところですか。

(he / is / taking / a picture) now?

_____

_____ now?

Q3 次の日本語の文を英語の文にかえ，＿＿＿ に書きましょう。（10点×3＝30点）

① 彼らは今，皿 (the dishes) を洗っているところですか。

_____

_____

② その生徒 (the student) は今，その部屋 (the room) をそうじしているところですか。

_____

_____

③ その女の子は牛乳 (milk) を飲んでいるところですか。— はい，そうです。

Is the girl drinking milk? — _____

セクション

43 私はそのとき, ピアノを演奏しているところでした。
I was playing the piano then.

247

　／100点　答え ➡ 別冊 p.26

be動詞 (am, is, are) ＋動詞の-ing形は「～しているところです」という意味を表すことは学習しましたね。ここでは「～しているところでした」という過去のある時点で行われていた事柄について表現する方法を練習しましょう。「～しているところでした」というときには, be動詞の過去形 (was, were) ＋動詞の-ing形を使いましょう。be動詞のam, isをwas, areをwereにすることがポイントです。「そのとき」という意味のthen, at that timeがいっしょによく使われます。

主語　be動詞＋動詞の-ing形　　名詞

| I | am playing | the piano | now. |

（私は）（演奏しているところです）　　（ピアノ）　　（今）

(私は今, ピアノを演奏しているところです。)

主語　be動詞の過去形＋動詞の-ing形　　名詞

| I | was playing | the piano | then. |

（私は）（演奏しているところでした）　　（ピアノ）　（そのとき）

（私はそのとき, ピアノを演奏しているところでした。)

一般動詞のワードリスト

play ((楽器を) 演奏する / (スポーツを) する)　　write (書く)　　eat (食べる)
ride (乗る)　　skate (スケートをする)　　take (とる)　　do (する)
clean (そうじする)　　watch (見る)　　swim (泳ぐ)

Q1 次の日本語の文に合うように, （　　　）内から正しいほうを選び, ○でかこみましょう。

（10点×3＝30点）

❶ 私はそのとき, 手紙を書いているところでした。

I (was writing / am writing) a letter then.

❷ その子どもはそのとき, マンゴーを食べているところでした。

The child (was eat / was eating) a mango at that time.

③ 彼はそのとき，一輪車に乗っているところでした。

He (was riding / is riding) a unicycle at that time.

Q2 次の日本語の文に合うように，（　　　）内の語を並べかえ，＝＝＝＝ に書きましょう。ただし，文のはじめにくる語も小文字になっています。（10点×3＝30点）

① 私は，ピアノを演奏しているところでした。（ was / the piano / playing / I ）.

_____

_____ ・

_____

② 彼らはスケートをしているところでした。（ were / they / skating ）.

_____

_____ ・

③ その少年はそのとき，彼の自転車に乗っているところでした。
（ was / the / boy / riding / bike / his ）then.

_____

_____ then.

_____

Q3 次の日本語の文を英語の文にかえ，＝＝＝＝ に書きましょう。（10点×4＝40点）

① 私はそのとき (at that time)，宿題をしている (do my homework) ところでした。(doの形を変えましょう)

_____

_____

_____

② 私のお父さんはそのとき (then)，写真をとっているところでした。

_____

_____

_____

③ 私たちはそのとき (then)，野球の試合 (the baseball game) を見ているところでした。

_____

_____

_____

④ マイクとケン (Mike and Ken) はそのとき (then)，プールで (in the pool) 泳いでいるところでした。

_____

_____

_____

学習日 　月　　日

_____/100点　答え ➡ 別冊 p.26

44 私たちは教室をそうじしているところではありませんでした。
We were not cleaning the classroom.

248

be動詞の過去形 (was, were) ＋動詞の-ing形「～しているところでした」の否定文を練習しましょう。「～しているところではありませんでした」という意味の否定文にするにはbe動詞 (was / were) のうしろにnotを置きます。notはこれまでのbe動詞の否定文の使い方と同じです。

主語	be動詞＋動詞の-ing形	名詞	
We	were cleaning	the classroom	then.

(私たちは) (そうじしているところでした)　　(教室)　　(そのとき)
(私たちはそのとき, 教室をそうじしているところでした。)

主語	be動詞＋not＋動詞の-ing形	名詞	
We	were not cleaning	the classroom	then.

(私たちは) (そうじしているところではありませんでした)　　(教室)　　(そのとき)
(私たちはそのとき, 教室をそうじしているところではありませんでした。)

一般動詞のワードリスト

clean (そうじする)　　use (使う)　　run (走る)　　swim (泳ぐ)
watch (見る)　　write (書く)　　wash (洗う)　　ride (乗る)
take (とる)　　play ((楽器を) 演奏する / (スポーツを) する)

Q1 次の日本語の文に合うように, (　　　　) 内から正しいほうを選び, ○でかこみましょう。
(10点×3＝30点)

❶ 私はそのとき, スマートフォンを使っているところではありませんでした。
   I (was not using / was not use) a smartphone at that time.

❷ 彼はそのとき, この競技場で走っているところではありませんでした。
   He (not was running / wasn't running) in this field at that time.

❸ 彼らはそのとき, 湖で泳いでいるところではありませんでした。
   They (were not swimming / not swimming) in the lake then.

Q2 次の日本語の文に合うように，（　　　）内の語を並べかえ，＝＝＝ に書きましょう。ただし，文のはじめにくる語も小文字になっています。(10点×3＝30点)

① 私たちはそのとき，野球の試合を見ているところではありませんでした。
(weren't / we / watching / the baseball game) then.

_____ **then.**

② あなたはそのとき，教室をそうじしているところではありませんでした。
(cleaning / weren't / the classroom / you) at that time.

_____ **at that time.**

③ 私の兄はそのとき，手紙を書いているところではありませんでした。
(a letter / brother / was / writing / my / not) then.

_____ **then.**

Q3 次の日本語の文を英語の文にかえ，＝＝＝ に書きましょう。(10点×4＝40点)

① 彼女はそのとき (then)，彼女の自転車 (her bike) を洗っているところではありませんでした。

_____

_____

② 私の息子 (my son) は一輪車 (a unicycle) に乗っているところではありませんでした。

_____

_____

③ マイク (Mike) は写真をとっているところではありませんでした。

_____

_____

④ トムと私はギター (the guitar) を演奏しているところではありませんでした。

_____

_____

45

あなたはプールで泳いでいるところでしたか。
Were you swimming in the pool?

_____／100点　答え ➡ 別冊 p.27

249

be動詞の過去形（was / were）＋動詞の-ing形「～しているところでした」の疑問文
を練習しましょう。be動詞（was, were）を主語の前に出して文のはじめに置きます。
答えるときには，「はい」であれば，Yes, 主語＋was[were].,「いいえ」であれば
No, 主語＋was[were] not.のように答えます。

主語　be動詞の過去形＋動詞の-ing形

You	were swimming	in the pool.

（あなたは）（泳いでいるところでした）　　（プールで）
（あなたはプールで泳いでいるところでした。）

be動詞の過去形　主語　　動詞の-ing形

Were	you	swimming	in the pool?

（あなたは）　（プールで）
（泳いでいるところでしたか）

（あなたはプールで泳い
でいるところでしたか。）

Yes, I was.（はい, そうでした。）/ No, I was not[wasn't].（いいえ, そうではありませんでした。）

一般動詞のワードリスト

sing（歌う）　　read（読む）　　watch（見る）　　write（書く）
swim（泳ぐ）　　play（（楽器を）演奏する /（スポーツを）する）
clean（そうじする）　　skate（スケートをする）　　run（走る）

Q1 次の日本語の文に合うように，（　　　）内から正しいほうを選び，
〇でかこみましょう。

（10点×4＝40点）

❶ 人々はそのとき，英語を話しているところでしたか。
　（ Were people / People were ）speaking English at that time?

❷ あなたたちはそのとき，人気のある歌を歌っているところでしたか。
　（ Were you singing / You were singing ）a popular song then?

❸ その女の子はそのとき, おもしろい小説を読んでいるところでしたか。— いいえ, 読んでいるところではありませんでした。

Was the girl reading an interesting novel then? — No, (she isn't / she wasn't).

❹ あなたのお父さんはそのとき, 野球の試合を見ているところでしたか。— はい, そうでした。

Was your father watching the baseball game then? — Yes, (he was / was he).

Q2 次の日本語の文に合うように, ( ) 内の語を並べかえ, ════ に書きましょう。ただし, 文のはじめにくる語も小文字になっています。（10点×3＝30点）

❶ その男性はそのとき, 手紙を書いているところでしたか。

(writing / the man / a letter / was) at that time?

_____

_____ at that time?

_____

❷ その子どもたちはそのとき, 川で泳いでいるところでしたか。— はい, そうでした。

Were the kids swimming in the river then? — (were / yes /, / they).

— _____

_____ •

❸ その生徒たちはそのとき, リコーダーを演奏しているところでしたか。

(playing / the recorder / were / the students) at that time?

_____

_____ at that time?

Q3 次の日本語の文を英語の文にかえ, ════ に書きましょう。（10点×3＝30点）

❶ その少年たち (the boys) はそのとき, スケートをしているところでしたか。

_____

_____

_____

❷ あなたはそのとき, 台所 (the kitchen) をそうじしているところでしたか。

_____

_____

_____

❸ 彼はそのとき, 走っているところでしたか。

_____

_____

_____

答え ➡ 別冊 p.27

セクション 46

私は来年，12歳になります。
I will be 12 years old next year.

250

willは「〜するつもりです，〜するでしょう，〜します」という未来のことについて述べるときに使う表現です。このwillは主語＋will＋動詞のもとの形 〜.という語順で使います。ここでは「動詞のもとの形」の部分にbe動詞を入れて練習をしましょう。be動詞はam, is, are, was, wereの5種類がありますが「もとの形」はbeです。

主語	will	be		
I	will	be	back	soon.

（私は）（〜するつもりだ）（〜になる）（もどった）（すぐに）
（私はすぐにもどるつもりです。）

主語	will	be	〜歳	
I	will	be	12 years old	next year.

（私は）（〜する）（〜になる）（12歳）（来年）
（私は来年，12歳になります。）

天気などを表すワードリスト

stormy（嵐の）　windy（風が強い）　rainy（雨の）
sunny（晴れの）　busy（いそがしい）　back（もどった）

名詞のワードリスト

lawyer（弁護士）　junior high school student（中学生）

Q1 次の日本語の文に合うように，（　　　）内から正しいほうを選び，〇でかこみましょう。　（10点×4＝40点）

❶ 彼は来年11歳になります。 He (will be / is) 11 years old next year.

❷ 今晩は嵐になるでしょう。 It (will be / will is) stormy tonight.

❸ 明日は風が強くなるでしょう。 It (will is / will be) windy tomorrow.

④ 彼らは来年，中学生になります。

They (will be / will are) junior high school students next year.

Q2 次の日本語の文に合うように，（　　　）内の語を並べかえ， ＝＝＝ に書きましょう。ただし，文のはじめにくる語も小文字になっています。（10点×3＝30点）

① 彼女は明日いそがしくなるでしょう。 (will / she / busy / tomorrow / be).

_____

_____

② 私のお父さんは来月，50歳になります。

(will / 50 years old / be / next month / my father).

_____

_____

③ 明日は雨になるでしょう。 (it / be / will / rainy / tomorrow).

_____

_____

Q3 次の日本語の文を英語の文にかえ， ＝＝＝ に書きましょう。（10点×3＝30点）

① 明日 (tomorrow) は晴れる (sunny) でしょう。

_____

_____

② 私の息子 (my son) は将来 (in the future)，弁護士になるでしょう。

_____

_____

③ 私は家にもどる (be back home) つもりです。

_____

_____

> **ポイント▶ 天気の文のit**
>
> itは「それは」という意味ですが，It will be stormy tonight.「今晩は，嵐になるだろう」のように「天気」を表す文では主語にitを使います。

パート**5** 進行形と未来の文

セクション

47 私は来週，友達に会うつもりです。
I will meet my friend next week.

／100点　答え ➡ 別冊 p.28

251

willは「～するでしょう，～するつもりです」という意味で主語＋will＋動詞のもとの形 ～ . という語順で使います。ここでは「動詞のもとの形」の部分に一般動詞を入れて練習をしましょう。

主語	動詞のもとの形		名詞	
I	will	meet	my friend	next week.

（私は）（～するつもりだ）　（会う）　　　（私の友達）　　　　（来週）

（私は来週，友達に会うつもりです。）

一般動詞のワードリスト

meet（会う）　　　　　clean（そうじする）　　visit（おとずれる）
drink（飲む）　　　　　study（勉強する）　　　watch（見る）
practice（練習する）　go to ～（～に行く）　take（（写真を）とる）
drive（運転する）

Q1 次の日本語の文に合うように，（　　　）内から正しいほうを選び，〇でかこみましょう。

（10点×3＝30点）

❶ 私は明日，台所をそうじするつもりです。

I (will clean / clean) the kitchen tomorrow.

❷ その年配の男性は来年，京都をおとずれるでしょう。

The old man (will visits / will visit) Kyoto next year.

❸ 私のお父さんは今晩，ビールを飲むでしょう。

My father (will drink / will drinks) beer tonight.

Q2 次の日本語の文に合うように，（　　　）内の語を並べかえ，＝＝＝ に書きましょう。ただし，文のはじめにくる語も小文字になっています。（10点×3＝30点）

❶ その生徒たちは明日，算数を勉強するでしょう。
(math / students / the / will / study) tomorrow.

＿＿＿＿＿＿＿＿＿＿＿＿＿＿＿＿＿＿ tomorrow.

❷ トムは今晩，その試合を見るでしょう。
(the / will / Tom / watch / game) tonight.

＿＿＿＿＿＿＿＿＿＿＿＿＿＿＿＿＿＿ tonight.

❸ 彼らは明日，サッカーを練習するでしょう。
(soccer / they / will / practice) tomorrow.

＿＿＿＿＿＿＿＿＿＿＿＿＿＿＿＿＿＿ tomorrow.

Q3 次の日本語の文を英語の文にかえ，＝＝＝ に書きましょう。（10点×4＝40点）

❶ 私は来月 (next month)，ニューヨーク (New York) に行くつもりです。

＿＿＿＿＿＿＿＿＿＿＿＿＿＿＿＿＿＿＿＿＿＿＿＿＿＿＿＿＿

❷ 彼女は明日 (tomorrow)，チカ (Chika) に会うでしょう。

＿＿＿＿＿＿＿＿＿＿＿＿＿＿＿＿＿＿＿＿＿＿＿＿＿＿＿＿＿

❸ 私たちは富士山の写真を数枚 (some pictures of Mt. Fuji) とるつもりです。

＿＿＿＿＿＿＿＿＿＿＿＿＿＿＿＿＿＿＿＿＿＿＿＿＿＿＿＿＿

❹ 彼は新しい車 (a new car) を運転するでしょう。

＿＿＿＿＿＿＿＿＿＿＿＿＿＿＿＿＿＿＿＿＿＿＿＿＿＿＿＿＿

セクション

48 彼は明日, 大阪をおとずれないでしょう。
He will not visit Osaka tomorrow.

252

_____／100点　答え ➡ 別冊 p.28

willは「～するでしょう，～するつもりです」という意味で，主語＋will＋動詞のもとの形 ～.で表しますが「～しないでしょう」「～するつもりはありません」という否定文にするには，willの後ろにnotを置きます。will notはwon'tのように短縮することもできます。

主語		動詞のもとの形	名詞	
He	will	visit	Osaka	tomorrow.

（彼は）（～するだろう）（おとずれる）（大阪）（明日）
（彼は明日, 大阪をおとずれるでしょう。）

主語	will not	動詞のもとの形	名詞	
He	will not[won't]	visit	Osaka	tomorrow.

（彼は）（～しないだろう）（おとずれる）（大阪）（明日）
（彼は明日, 大阪をおとずれないでしょう。）

一般動詞のワードリスト

visit (おとずれる)　　answer (答える)　　become ～ (～になる)
study (勉強する)　　drink (飲む)　　practice (練習する)
give up (あきらめる)

天気や気候を表すワードリスト

snowy (雪の降る)　　hot (暑い)　　cold (寒い)

Q1 次の日本語の文に合うように，(　　) 内から正しいほうを選び，〇でかこみましょう。

（10点×4＝40点）

❶ 明日, 雪は降らないでしょう。

　It (will not be / will be not) snowy tomorrow.

❷ 私は来月, 奈良をおとずれるつもりはありません。

　I (am not visit / will not visit) Nara next month.

③ 彼らは質問に答えないでしょう。

They (won't answer / want to answer) the question.

④ 私はあきらめるつもりはありません。

I (want / won't) give up.

Q2 次の日本語の文に合うように，（　　）内の語を並べかえ，＝＝＝ に書きましょう。ただし，文のはじめにくる語も小文字になっています。（10点×3＝30点）

① 明日は暑くならないでしょう。

(will / it / not / hot / be) tomorrow.

_____ tomorrow.

② その男性は宇宙飛行士にならないでしょう。

(not / will / the / man / become / an astronaut).

_____ .

③ その生徒たちは明日，算数を勉強しないでしょう。

(math / won't / the students / study) tomorrow.

_____ tomorrow.

Q3 次の日本語の文を英語の文にかえ，＝＝＝ に書きましょう。（10点×3＝30点）

① 明日 (tomorrow) は寒くないでしょう。

_____

_____

② 私のおじ (my uncle) は今晩 (tonight)，コーヒー (coffee) を飲まないでしょう。

_____

_____

③ マイクとテッド (Mike and Ted) はサッカー (soccer) を練習しないでしょう。

_____

_____

セクション

49 彼はその本を買うでしょうか。
Will he buy the book?

253

＿＿＿＿＿／100点　答え ➡ 別冊 p.29

willは「～するでしょう，～するつもりです」という意味で，主語＋will＋動詞のもとの形 ～.の文を「～するでしょうか，～するつもりですか」という疑問文にするには，文のはじめにWillを置いてWill＋主語＋動詞のもとの形 ～？の語順にします。

主語	will	動詞のもとの形	名詞	
He	will	buy	the book.	（彼はその本を買うでしょう。）
（彼は）	（～するだろう）	（買う）	（その本）	

will	主語	動詞のもとの形	名詞	
Will	he	buy	the book？	（彼はその本を買うでしょうか。）
（～するでしょうか）	（彼は）	（買う）	（その本）	

一般動詞のワードリスト

become ～（～になる）　study（勉強する）　cook（料理する）
watch（見る）　visit（おとずれる）　practice（練習する）
live in ～（～に住む）

いろいろなワードリスト

sunny（晴れた）　cold（寒い）　back（もどった）　boy（少年）
actor（俳優）　math（算数）　kid（子ども）　soccer（サッカー）
lunch（昼食）　baseball game（野球の試合）　woman（女性）

Q1 次の日本語の文に合うように，（　　　）内から正しいほうを選び，〇でかこみましょう。
（10点×4＝40点）

❶ 明日は晴れるでしょうか。（ Will it be / It will be ）sunny tomorrow?

❷ その少年は将来，俳優になるでしょうか。
（ Will the boy become / The boy will become ）an actor in the future?

③ 彼らは今晩，算数を勉強するでしょうか。

(Will study they / Will they study) math tonight?

④ その子どもたちは来週，サッカーを練習するでしょうか。

(Will the kids practice / The kids will practice) soccer next week?

Q2 次の日本語の文に合うように，（　　　）内の語を並べかえ，＝＝＝ に書きましょう。ただし，文のはじめにくる語も小文字になっています。（10点×3＝30点）

① あなたのお兄さんは今日，料理するでしょうか。

(your / will / brother / cook) today?

_____

_____ today?

② あなたは今晩，野球の試合を見るつもりですか。

(will / watch / the baseball game / you) tonight?

_____

_____ tonight?

③ あなたはすぐにもどってくるつもりですか。

(be / will / you / back / soon)?

_____

_____ ?

Q3 次の日本語の文を英語の文にかえ，＝＝＝ に書きましょう。（10点×3＝30点）

① 明日 (tomorrow) は寒く (cold) なるでしょうか。

_____

_____

② その女性は来年 (next year)，京都 (Kyoto) をおとずれるでしょうか。

_____

_____

③ あなたたちは将来 (in the future)，長野 (Nagano) に住むつもりですか。

_____

_____

セクション

50 あなたは今晩, 英語を勉強するつもりですか。 Will you study English tonight?

／100点　答え ➡ 別冊 p.29

254

Will＋主語＋動詞のもとの形 ～?の「～するでしょうか」「～するつもりですか」の疑問文に答えるときには，「はい」であればYes, 主語＋will., 「いいえ」であればNo, 主語＋will not[won't]. を使います。

主語	動詞のもとの形	名詞	
Will	you	study	English	tonight?

(～するだろう) (あなたは) (勉強する) (英語) (今晩)

(あなたは今晩, 英語を勉強するつもりですか。)

Yes, I will.（はい, そのつもりです。）/ No, I will not[won't].（いいえ, そのつもりはありません。）

一般動詞のワードリスト

become ～ (～になる)　cook (料理する)　watch (見る)　visit (おとずれる)
play ((スポーツを) する / (楽器を) 演奏する)　go to ～ (～に行く)　buy (買う)

いろいろなワードリスト

engineer (エンジニア)　father (お父さん)　dinner (夕食)
soccer game (サッカーの試合)　girl (少女)　table tennis (卓球)

Q1 次の日本語の文に合うように，（　　　）内から正しいほうを選び，〇でかこみましょう。

（10点×3＝30点）

❶ その少女は将来, エンジニアになるでしょうか。 — はい, なるでしょう。

Will the girl become an engineer in the future? — Yes, (the girl / she) will.

❷ 明日は雨が降るでしょうか。 — はい, 降るでしょう。

(Will it be / Is it) rainy tomorrow? — Yes, (I will / it will).

❸ あなたは今晩, 英語を勉強するつもりですか。 — いいえ, そのつもりはありません。

Will you study English tonight? — No, (I won't / you won't).

Q2 次の日本語の文に合うように，（　　　）内の語を並べかえ，＝＝＝ に書きましょう。ただし，文のはじめにくる語も小文字になっています。（10点×3＝30点）

❶ あなたのお父さんは今晩，夕食を料理するでしょうか。— いいえ，しないでしょう。
Will your father cook dinner tonight? — (will / , / no / he / not).

— ＿＿＿＿＿＿＿＿＿＿＿＿＿＿＿＿＿＿＿＿＿＿＿＿＿ ・

❷ 彼らはサッカーの試合を見るでしょうか。— はい，見るでしょう。
Will they watch the soccer game? — (yes / will / they / ,).

— ＿＿＿＿＿＿＿＿＿＿＿＿＿＿＿＿＿＿＿＿＿＿＿＿＿ ・

❸ ミキは来月，東京をおとずれるでしょうか。— いいえ，おとずれないでしょう。
Will Miki visit Tokyo next month? — (, / no / she / won't).

— ＿＿＿＿＿＿＿＿＿＿＿＿＿＿＿＿＿＿＿＿＿＿＿＿＿ ・

Q3 次の日本語の文を英語の文にかえ，＝＝＝ に書きましょう。（10点×4＝40点）

❶ その男性は明日，卓球をするでしょうか。— はい，するでしょう。

Will the man play table tennis tomorrow? — ＿＿＿＿＿＿＿＿＿

❷ その男性は，大阪 (Osaka) に行くでしょうか。— はい，行くでしょう。

Will the man go to Osaka? — ＿＿＿＿＿＿＿＿＿＿＿＿＿＿＿

❸ ユカ (Yuka) はこのコンピューター (this computer) を買うでしょうか。— いいえ，買わないでしょう。

Will Yuka buy this computer? — ＿＿＿＿＿＿＿＿＿＿＿＿＿＿

❹ 明日はくもり (cloudy) でしょうか。— いいえ，くもりではないでしょう。

Will it be cloudy tomorrow? — ＿＿＿＿＿＿＿＿＿＿＿＿＿＿＿

117

確認テスト5

出題はんい　セクション 39 ～ セクション 50　　　答え ➡ 別冊 p.30　　　／100点　　255

Q1 次の日本語の文に合うように，（　　）内から正しいほうを選び，○でかこみましょう。　　(2点×4=8点)

(1) 彼は今，その部屋をそうじしているところです。

He (is cleaning / clean) the room now.

(2) トムとケンは今，野球の試合を見ているところです。

Tom and Ken (are watch / are watching) the baseball game now.

(3) マミは今，ピアノを演奏しているところですか。

(Is Mami playing / Mami playing) the piano now?

(4) 明日はとても寒くなるでしょう。

It (will / will be) very cold tomorrow.

Q2 それぞれの英文を指示にしたがって書きかえ，＿＿＿ に書きましょう。　　(7点×3=21点)

(1) They play soccer every day.（every dayをtomorrowにかえて）

(2) He studies English.（「今～している」という意味の文に）

(3) My father will go to Kyoto tomorrow.（否定文に）

Q3 次の日本語の文に合うように，（　　）内の語を並べかえ，＝＝＝ に書きましょう。ただし，文のはじめにくる語も小文字になっています。(9点×3＝27点)

(1) デイビッドは社会科を勉強しないでしょう。

(won't / David / social studies / study).

_____

_____ ．

(2) あなたの息子さんは今，写真をとっているところですか。

(a picture / your / is / son / taking) now?

_____

_____ now?

_____

(3) 私はそのとき，料理していました。

(I / cooking / was) at that time.

_____

_____ at that time.

_____

Q4 次の日本語の文を英語の文にかえ，＝＝＝ に書きましょう。(11点×4＝44点)

(1) その赤ちゃん (the baby) はそのとき (at that time)，ねむって (sleep) いるところでした。

_____

_____

_____

(2) 私は来年 (next year)，イタリア (Italy) をおとずれるつもりです。

_____

_____

_____

(3) あなたのお母さんは料理しているところですか。

_____

_____

_____

(4) 私の弟 (my brother) は来年 (next year)，6歳 (six years old) になります。

_____

_____

_____

著者紹介

東進ハイスクール・東進衛星予備校　講師
メガスタディ（メガスタ）オンライン　講師

杉山 一志 （すぎやま かずし）

　1977年生まれ，大阪府出身。同志社大学文学部卒業。
（一財）実用英語推進機構理事。

　大学在学時，1年間休学し，ワーキングホリデービザを取
得して，ニュージーランドへ渡航。帰国後実用英語の必要性
を感じ，独学で英語学習に没頭し，実用英語技能検定1級を
取得する。TOEICテストでもリスニング・ライティングテ
ストで満点を取得。

　現在は主に大学受験指導を担当しており，東大・京大・難
関国立大，難関私大を目標にした受験生を幅広く指導するほ
か，予備校の模試の制作や監修も行っている。

　代表的な著作物として「英文法パターンドリルシリーズ」
（文英堂）「究極の音読プログラムシリーズ」（IBCパブリッ
シング）「短期で攻める長文読解シリーズ［共著］」（桐原書
店）など50冊を超える。

ブログ 「英語講師　杉山一志の音読魂」
https://plaza.rakuten.co.jp/kazushi19770825/diary/

□ 編集協力　(株)カルチャー・プロ　内田眞理　金子紗織　河島奈緒美　木村由香　小林眞理　渡邉聖子
□ 英文校閲　Bernard Susser
□ 本文デザイン　CONNECT
□ 本文イラスト　まつむらあきひろ
□ 音声収録　(株)メディアスタイリスト

シグマベスト
**小学英文法パターンドリル②
三単現・過去・未来・進行形の文**

© 杉山一志　2023　　　　Printed in Japan

著　者　杉山一志
発行者　益井英郎
印刷所　株式会社加藤文明社
発行所　株式会社文英堂
　〒601-8121　京都市南区上鳥羽大物町28
　〒162-0832　東京都新宿区岩戸町17
　（代表）03-3269-4231

●落丁・乱丁はおとりかえします。

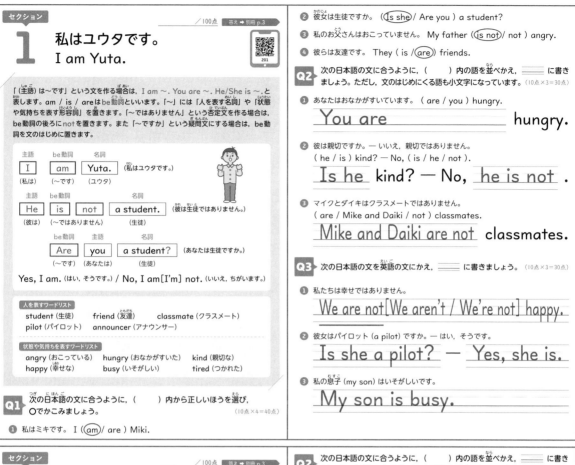

セクション

1 私はユウタです。
I am Yuta.

/100点　答え ➡ 別冊 p.3

`201`

「（主語）は〜です」という文を作る場合は，I am 〜. You are 〜. He/She is 〜. と表します。am / is / are はbe動詞といいます。「〜」には「人を表す名詞」や「状態や気持ちを表す形容詞」を置きます。「〜ではありません」という否定文を作る場合は，be動詞の後ろにnotを置きます。また「〜ですか」という疑問文にする場合は，be動詞を文のはじめに置きます。

主語	be動詞	名詞	
I	am	Yuta.	（私はユウタです。）
（私は）	（〜です）	（ユウタ）	

主語	be動詞	名詞	
He	is not	a student.	（彼は生徒ではありません。）
（彼は）	（〜ではありません）	（生徒）	

be動詞	主語	名詞	
Are	you	a student?	（あなたは生徒ですか。）
（〜です）	（あなたは）	（生徒）	

Yes, I am. （はい，そうです。） / No, I am[I'm] not. （いいえ，ちがいます。）

人を表すワードリスト
student （生徒）　　friend （友達）　　classmate （クラスメート）
pilot （パイロット）　　announcer （アナウンサー）

状態や気持ちを表すワードリスト
angry （おこっている）　　hungry （おなかがすいた）　　kind （親切な）
happy （幸せな）　　busy （いそがしい）　　tired （つかれた）

Q1 次の日本語の文に合うように，（　　　）内から正しいほうを選び，〇でかこみましょう。　（10点×4＝40点）

① 私はミキです。　I (（am）/ are) Miki.

② 彼女は生徒ですか。　(（Is she）/ Are you) a student?

③ 私のお父さんはおこっていません。　My father (（is not）/ not) angry.

④ 彼らは友達です。　They (is /（are）) friends.

Q2 次の日本語の文に合うように，（　　　）内の語を並べかえ，＝＝＝に書きましょう。ただし，文のはじめにくる語も小文字になっています。（10点×3＝30点）

① あなたはおなかがすいています。　(are / you) hungry.

　<u>You are</u> hungry.

② 彼は親切ですか。— いいえ，親切ではありません。
(he / is) kind? — No, (is / he / not).

　<u>Is he</u> kind? — No, <u>he is not</u>.

③ マイクとダイキはクラスメートではありません。
(are / Mike and Daiki / not) classmates.

　<u>Mike and Daiki are not</u> classmates.

Q3 次の日本語の文を英語の文にかえ，＝＝＝に書きましょう。（10点×3＝30点）

① 私たちは幸せではありません。

　<u>We are not[We aren't / We're not] happy.</u>

② 彼女はパイロット (a pilot) ですか。— はい，そうです。

　<u>Is she a pilot? — Yes, she is.</u>

③ 私の息子 (my son) はいそがしいです。

　<u>My son is busy.</u>

セクション

2 私は音楽が好きです。
I like music.

/100点　答え ➡ 別冊 p.3

`202`

英語にはbe動詞の他に一般動詞という種類の動詞があります。have （持っている），drink （飲む） などがありますが，be動詞に比べて，一般動詞にはたくさんの種類があります。be動詞と一般動詞をそのまま並べて使うことはありません。注意して練習しましょう。

主語	動詞	名詞	
I	like	music.	（私は音楽が好きです。）
（私は）	（好きだ）	（音楽）	

主語	動詞	名詞	
I	want	a smartphone.	
（私は）	（ほしい）	（スマートフォン）	
（私はスマートフォンがほしいです。）

一般動詞のワードリスト
like （好きだ）　　want （ほしい）　　study （勉強する）
have （持っている，飼っている）　　go to 〜 （〜に行く）
play （(楽器を) 演奏する / (スポーツを) する）　　drink （飲む）
visit （おとずれる）　　live in 〜 （〜に住む）

Q1 次の日本語の文に合うように，（　　　）内から正しいほうを選び，〇でかこみましょう。　（10点×4＝40点）

① 私はライオンが好きです。　I (（like）/ am like) lions.

② 私は音楽を勉強します。　I (（study）/ study am) music.

③ 私たちはハムスターを飼っています。
We (are have /（have）) a hamster.

④ 彼らは毎日，学校に行きます。
They (（go）/ are go) to school every day.

Q2 次の日本語の文に合うように，（　　　）内の語を並べかえ，＝＝＝に書きましょう。ただし，文のはじめにくる語も小文字になっています。（10点×3＝30点）

① 私はピアノを演奏します。　(play / the piano / I).

　<u>I play the piano</u> .

② 私は毎朝，牛乳を飲みます。
(drink / milk / I) every morning.

　<u>I drink milk</u> every morning.

③ 彼らは毎年，夏に沖縄をおとずれます。
(Okinawa / visit / they) every summer.

　<u>They visit Okinawa</u> every summer.

Q3 次の日本語の文を英語の文にかえ，＝＝＝に書きましょう。（10点×3＝30点）

① 私は私の部屋 (my room) がほしいです。

　<u>I want my room.</u>

② 私は卓球 (table tennis) をします。

　<u>I play table tennis.</u>

③ 私は大阪 (Osaka) に住んでいます。

　<u>I live in Osaka.</u>

ポイント▶ inやtoの意味
inやtoは名詞の前に置き，前置詞と呼ばれます。inは「〜の中に (で)」，toは「〜に向けて」という意味です。

3

私はクモが好きではありません。
I don't like spiders.

/100点　答え ➡ 別冊 p.4

203

一般動詞の否定文は主語と一般動詞の間に do not を置いて表します。do not を短縮した形の don't を使うこともあります。一般動詞の後ろにはいろいろな名詞が続きます。単数なら a / an や the、複数なら -s をつけることを忘れないようにしましょう。

主語		動詞	名詞
I		like	spiders.
(私は)		(好きだ)	(クモ)

(私はクモが好きです。)

主語	↓	動詞	名詞
I	do not[don't]	like	spiders.
(私は)		(好きではない)	(クモ)

(私はクモが好きではありません。)

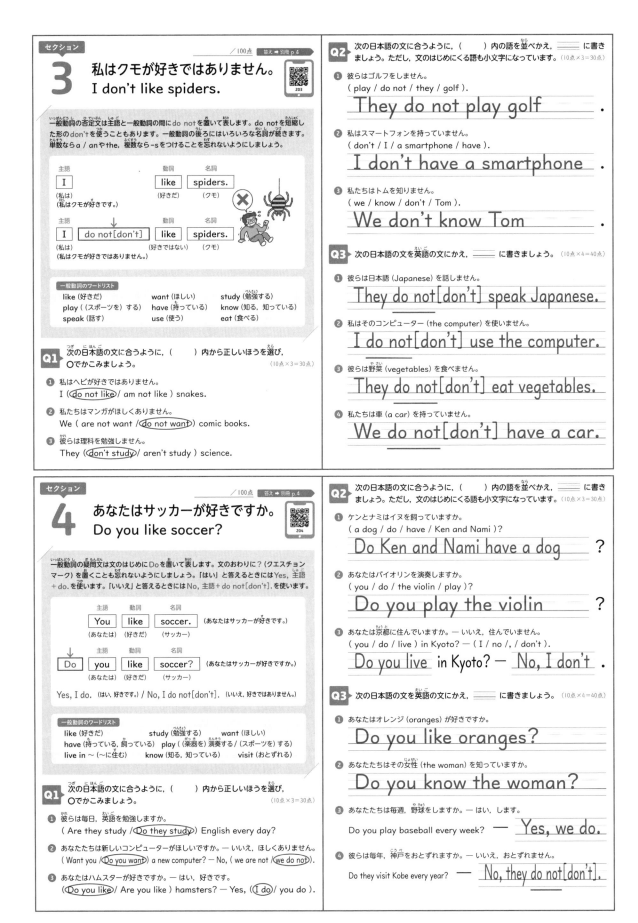

一般動詞のワードリスト

like (好きだ)　　　want (ほしい)　　　study (勉強する)
play ((スポーツを) する)　have (持っている)　know (知る、知っている)
speak (話す)　　　use (使う)　　　eat (食べる)

Q1 次の日本語の文に合うように、(　　) 内から正しいほうを選び、○でかこみましょう。 (10点×3=30点)

❶ 私はヘビが好きではありません。
I ((do not like) / am not like) snakes.

❷ 私たちはマンガがほしくありません。
We (are not want / (do not want)) comic books.

❸ 彼らは理科を勉強しません。
They ((don't study) / aren't study) science.

Q2 次の日本語の文に合うように、(　　) 内の語を並べかえ、＿＿ に書きましょう。ただし、文のはじめにくる語も小文字になっています。 (10点×3=30点)

❶ 彼らはゴルフをしません。
(play / do not / they / golf).
<u>They do not play golf</u>.

❷ 私はスマートフォンを持っていません。
(don't / I / a smartphone / have).
<u>I don't have a smartphone</u>.

❸ 私たちはトムを知りません。
(we / know / don't / Tom).
<u>We don't know Tom</u>.

Q3 次の日本語の文を英語の文にかえ、＿＿ に書きましょう。 (10点×4=40点)

❶ 彼らは日本語 (Japanese) を話しません。
<u>They do not[don't] speak Japanese.</u>

❷ 私はそのコンピューター (the computer) を使いません。
<u>I do not[don't] use the computer.</u>

❸ 彼らは野菜 (vegetables) を食べません。
<u>They do not[don't] eat vegetables.</u>

❹ 私たちは車 (a car) を持っていません。
<u>We do not[don't] have a car.</u>

あなたはサッカーが好きですか。
Do you like soccer?

/100点　答え ➡ 別冊 p.4

204

一般動詞の疑問文は文のはじめに Do を置いて表します。文のおわりに? (クエスチョンマーク) を置くことも忘れないようにしましょう。「はい」と答えるときには Yes, 主語 + do. を使います。「いいえ」と答えるときには No, 主語 + do not[don't]. を使います。

主語	動詞	名詞	
You	like	soccer.	(あなたはサッカーが好きです。)
(あなたは)	(好きだ)	(サッカー)	

↓ 主語	動詞	名詞	
Do you	like	soccer?	(あなたはサッカーが好きですか。)
(あなたは)	(好きだ)	(サッカー)	

Yes, I do. (はい、好きです。) / No, I do not[don't]. (いいえ、好きではありません。)

一般動詞のワードリスト

like (好きだ)　　　study (勉強する)　　　want (ほしい)
have (持っている、飼っている)　play ((楽器を) 演奏する / (スポーツを) する)
live in ～ (～に住む)　　know (知る、知っている)　　visit (おとずれる)

Q1 次の日本語の文に合うように、(　　) 内から正しいほうを選び、○でかこみましょう。 (10点×3=30点)

❶ 彼らは毎日、英語を勉強しますか。
(Are they study / (Do they study)) English every day?

❷ あなたたちは新しいコンピューターがほしいですか。— いいえ、ほしくありません。
(Want you / (Do you want)) a new computer? — No, (we are not / (we do not)).

❸ あなたはハムスターが好きですか。— はい、好きです。
((Do you like) / Are you like) hamsters? — Yes, ((I do) / you do).

Q2 次の日本語の文に合うように、(　　) 内の語を並べかえ、＿＿ に書きましょう。ただし、文のはじめにくる語も小文字になっています。 (10点×3=30点)

❶ ケンとナミはイヌを飼っていますか。
(a dog / do / have / Ken and Nami)?
<u>Do Ken and Nami have a dog</u>?

❷ あなたはバイオリンを演奏しますか。
(you / do / the violin / play)?
<u>Do you play the violin</u>?

❸ あなたは京都に住んでいますか。— いいえ、住んでいません。
(you / do / live) in Kyoto? — (I / no /, / don't).
<u>Do you live</u> in Kyoto? — <u>No, I don't</u>.

Q3 次の日本語の文を英語の文にかえ、＿＿ に書きましょう。 (10点×4=40点)

❶ あなたはオレンジ (oranges) が好きですか。
<u>Do you like oranges?</u>

❷ あなたたちはその女性 (the woman) を知っていますか。
<u>Do you know the woman?</u>

❸ あなたたちは毎週、野球をしますか。— はい、します。
Do you play baseball every week? — <u>Yes, we do.</u>

❹ 彼らは毎年、神戸をおとずれますか。— いいえ、おとずれません。
Do they visit Kobe every year? — <u>No, they do not[don't].</u>

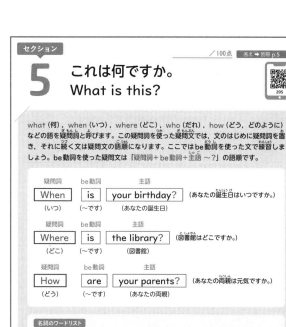

Section 5

セクション 5 ／100点　答え ➡ 別冊 p.5

これは何ですか。
What is this?

what（何），when（いつ），where（どこ），who（だれ），how（どう，どのように）などの語を疑問詞と呼びます。この疑問詞を使った疑問文では，文のはじめに疑問詞を置き，それに続く文は疑問文の語順になります。ここではbe動詞を使った文で練習しましょう。be動詞を使った疑問文は「疑問詞＋be動詞＋主語 〜?」の語順です。

疑問詞	be動詞	主語	
When	is	your birthday?	（あなたの誕生日はいつですか。）
（いつ）	（〜です）	（あなたの誕生日）	

疑問詞	be動詞	主語	
Where	is	the library?	（図書館はどこですか。）
（どこ）	（〜です）	（図書館）	

疑問詞	be動詞	主語	
How	are	your parents?	（あなたの両親は元気ですか。）
（どう）	（〜です）	（あなたの両親）	

名詞のワードリスト
birthday（誕生日）　library（図書館）　parents（両親）
post office（郵便局）　school（学校）　woman（女性）
family（家族）　concert（コンサート）　name（名前）
man（男性）

Q1 次の日本語の文に合うように，（　）内から正しいほうを選び，〇でかこみましょう。　　（10点×4＝40点）

① お元気ですか。　（(How)／ Who ）are you?

② 郵便局はどこですか。　（(Where)／ What ）is the post office?

③ あなたの誕生日はいつですか。
When（(is your birthday)／ your birthday is ）?

④ あなたたちの学校はどこですか。
Where（ your school is ／(is your school)）?

Q2 次の日本語の文に合うように，（　）内の語を並べかえ，＿＿に書きましょう。ただし，文のはじめにくる語も小文字になっています。（10点×3＝30点）

① あれは何ですか。
(is / what / that)?
What is that ?

② その女性はだれですか。
(the woman / is / who)?
Who is the woman ?

③ あなたのご家族はお元気ですか。
(your family / how / is)?
How is your family ?

Q3 次の日本語の文を英語の文にかえ，＿＿に書きましょう。（10点×3＝30点）

① そのコンサート（the concert）はいつですか。
When is the concert?

② あなたの名前（your name）は何ですか。
What is your name?

③ その男性（the man）はだれですか。
Who is the man?

Section 6

セクション 6 ／100点　答え ➡ 別冊 p.5

あなたは何がほしいですか。
What do you want?

what（何），when（いつ），where（どこ），who（だれ），how（どう，どのように）などの語はbe動詞だけでなく，一般動詞といっしょに使われることもあります。ここではいろいろな一般動詞を使った文で練習しましょう。一般動詞を使った疑問文は「疑問詞＋do＋主語＋一般動詞 〜?」の語順です。

疑問詞		主語	動詞	
What	do	you	want?	（あなたは何がほしいですか。）
（何）		（あなたは）	（ほしい）	

疑問詞		主語	動詞	名詞	
How	do	you	cook	fish?	（あなたはどのように魚を料理しますか。）
（どのように）		（あなたは）	（料理する）	（魚）	

一般動詞のワードリスト
want（ほしい）　cook（料理する）　visit（おとずれる）　live（住む）
like（好きだ）　go to（〜に行く）　do（する）　study（勉強する）
practice（練習する）　play（（スポーツを）する）

Q1 次の日本語の文に合うように，（　）内から正しいほうを選び，〇でかこみましょう。　　（10点×4＝40点）

① 彼らはいつ沖縄をおとずれますか。
When（ they visit ／(do they visit)）Okinawa?

② 今，あなたの両親はどこに住んでいますか。
Where（(do your parents)／ are your parents ）live now?

③ あなたはだれが好きですか。　（(Who)／ What ）do you like?

④ あなたは何がほしいですか。　（(What)／ How ）do you want?

Q2 次の日本語の文に合うように，（　）内の語を並べかえ，＿＿に書きましょう。ただし，文のはじめにくる語も小文字になっています。（10点×3＝30点）

① あなたはどのように肉を料理しますか。（ cook / how / you / do ）meat?
How do you cook meat?

② 彼らはいつハワイに行きますか。（ go / do / when / they ）to Hawaii?
When do they go to Hawaii?

③ その生徒たちは放課後，何をしますか。
(do / what / the students / do)after school?
What do the students do after school?

Q3 次の日本語の文を英語の文にかえ，＿＿に書きましょう。（10点×3＝30点）

① あなたたちはそのクラスで（in the class）何を勉強しますか。
What do you study in the class?

② 彼らはどのように漢字（kanji）を練習しますか。
How do they practice kanji?

③ その生徒たちはどこでサッカー（soccer）をしますか。
Where do the students play soccer?

ポイント▶「どこに住んでいますか。」の文
Where do you live now? 「あなたは今どこに住んでいますか。」のような質問には，I live in ＋場所 . で答えます。I live in Okinawa. は「私は沖縄に住んでいます。」という意味です。

セクション 7

／100点　答え → 別冊 p.6

私は英語を話すことができます。
I can speak English.

canは「〜することができる」という意味の単語です。このcanは助動詞と呼ばれ、動詞の前に置いて使うことができます。いろいろな動詞の前に置いて「〜することができる」という文を作りましょう。文のおわりにはvery well (とても上手に) などのような語が置かれることがあります。

主語		動詞	名詞	
I		speak	English.	

（私は）
（私は英語を話します。）
（話す）（英語）

主語		動詞	名詞	
I	can	speak	English	very well.

（私は）（〜することができる）（話す）（英語）（とても上手に）
（私は英語をとても上手に話すことができます。）

一般動詞のワードリスト

speak (話す)	play ((楽器を) 演奏する / (スポーツを) する)
swim (泳ぐ)	drive (運転する)
ride (乗る)	dance (おどる)
	run (走る)
	cook (料理する)

Q1 次の日本語の文に合うように、（　）内から正しいほうを選び、〇でかこみましょう。 (10点×4＝40点)

① 私はギターを演奏することができます。
I (can play / play can) the guitar.

② 私たちは英語を話すことができます。
We (can speak / are can speak) English.

③ 彼は速く泳ぐことができます。
He (swim can / can swim) fast.

④ 私の兄は車を運転することができます。
My brother (drive can / can drive) a car.

Q2 次の日本語の文に合うように、（　）内の語を並べかえ、＿＿＿ に書きましょう。ただし、文のはじめにくる語も小文字になっています。(10点×3＝30点)

① ナンシーは速く走ることができます。
(can / Nancy / fast / run).

Nancy can run fast .

② その女の子は一輪車に乗ることができます。
(can / the girl / a unicycle / ride).

The girl can ride a unicycle .

③ 私たちはとても上手におどることができます。
(dance / we / can / very well).

We can dance very well .

Q3 次の日本語の文を英語の文にかえ、＿＿＿ に書きましょう。 (10点×3＝30点)

① 私のお母さんは上手に (well) 料理をすることができます。

My mother can cook well.

② 彼は中国語 (Chinese) を話すことができます。

He can speak Chinese.

③ 彼女はバドミントン (badminton) をとても上手に (very well) することができます。

She can play badminton very well.

セクション 8

／100点　答え → 別冊 p.6

私は一輪車に乗ることができません。
I can't ride a unicycle.

助動詞のcanを使った文を「〜することはできません」という否定文にする場合には、cannotやcan'tを使います。「〜することができますか」という疑問文を作るときには「Can＋主語＋動詞 〜?」の語順で表し、「はい」はYes, 主語＋can.、「いいえ」はNo, 主語＋cannot[can't].を使って答えます。

主語	can't	動詞	名詞	
I	can't	ride	a unicycle.	

（私は）（〜することができない）（乗る）（一輪車）
（私は一輪車に乗ることができません。）

Can	主語	動詞	名詞	
Can	you	ride	a unicycle?	

（〜することができる）（あなたは）（乗る）（一輪車）
（あなたは一輪車に乗ることができますか。）

Yes, I can. (はい、できます。) / No, I cannot[can't]. (いいえ、できません。)

一般動詞のワードリスト

ride (乗る)	play ((楽器を) 演奏する / (スポーツを) する)
write (書く)	dance (おどる)
swim (泳ぐ)	drive (運転する)
	speak (話す)
	run (走る)

Q1 次の日本語の文に合うように、（　）内から正しいほうを選び、〇でかこみましょう。 (10点×4＝40点)

① 私はギターを演奏することができません。
I (can't play / am not play) the guitar.

② トムは漢字を書くことができますか。— はい、できます。
(Can Tom write / Tom can write) *kanji*? — Yes, he can.

③ 私のお母さんはバドミントンをすることができません。
(Can't my mother play / My mother can't play) badminton.

④ 彼女は上手におどることができますか。— いいえ、できません。
(Can she / She can) dance well? — No, she can't.

Q2 次の日本語の文に合うように、（　）内の語を並べかえ、＿＿＿ に書きましょう。ただし、文のはじめにくる語も小文字になっています。(10点×3＝30点)

① 私のお父さんは英語を話すことができません。
(speak / English / my father / can't).

My father can't speak English .

② その女の子は速く泳ぐことができますか。
(fast / the girl / can / swim)?

Can the girl swim fast ?

③ マイクは車を運転することができません。 (cannot / a car / Mike / drive).

Mike cannot drive a car .

Q3 次の日本語の文を英語の文にかえ、＿＿＿ に書きましょう。 (10点×3＝30点)

① その女性は速く (fast) 走ることができません。

The woman cannot[can't] run fast.

② その少年は一輪車 (a unicycle) に乗ることができません。

The boy cannot[can't] ride a unicycle.

③ その男性は中国語 (Chinese) を話すことができますか。

Can the man speak Chinese?

出題はんい セクション 1 ~ 8 答え → 別冊 p.7 /100点

Q1 次の（　）内に入る語句を選び，記号で答えましょう。 (4点×3＝12点)

(1) これは私たちの学校ではありません。 This（ **ア** ）our school.
　ア is not　イ do not　ウ are not

(2) あなたは何を勉強しますか。 What（ **イ** ）?
　ア study you　イ do you study　ウ are you study

(3) ユカは上手にバドミントンをすることができます。
　Yuka（ **ウ** ）badminton well.
　ア can　イ is play　ウ can play

Q2 次の日本語の文に合うように，＿＿ に適する語を1つ書きましょう。 (5点×4＝20点)

(1) 彼女はダンサーではありません。
　She _isn't_ a dancer.

(2) 私の友達はとてもおこっています。
　My friends _are_ very angry.

(3) 私は野菜が好きではありません。
　I _don't_ _like_ vegetables.

(4) あなたは上手にテニスをすることができますか。
　Can _you_ play tennis well?

Q3 次の日本語の文に合うように，（　）内の語を並べかえ，＿＿ に書きましょう。ただし，文のはじめにくる語も小文字になっています。 (8点×4＝32点)

(1) その少女はだれですか。
　(is / girl / the / who)?
　Who is the girl ?

(2) 彼らはひまではありません。
　(free / are / they / not).
　They are not free .

(3) トムはゆうかんですか。— はい，そうです。
　(brave / is / Tom)? — (he / yes / , / is).
　Is Tom brave ? — _Yes, he is_ .

(4) 彼らは英語を話すことができますか。
　(can / speak / English / they)?
　Can they speak English ?

Q4 次の日本語の文を英語の文にかえ，＿＿ に書きましょう。 (12点×3＝36点)

(1) 彼らはその映画 (the movie) が好きではありません。
　They do not[don't] like the movie.

(2) あなたはつかれて (tired) いますか。— いいえ，つかれていません。
　Are you tired ? — _No, I am[I'm] not._

(3) 私はバイオリン (the violin) を演奏することができません。
　I cannot[can't] play the violin.

セクション /100点 答え → 別冊 p.7

9 彼はパンダが好きです。
He likes pandas.

210

主語が，I (私は) とYou (あなたは) 以外の，1人 (1つ) を表す語である場合，動詞の語尾に−sをつけるというルールがあります。この−sのことを「三人称単数現在形のs (三単現のs)」と呼びます。例えば，He (彼は) の他にTom (トム) やMy father (私のお父さん) などが主語になったときにも，動詞の語尾に−sをつけます。

主語	動詞	名詞
I	like	pandas.

(私は) (好きだ) (パンダ)
(私はパンダが好きです。)

主語	動詞	名詞
He	likes	pandas.

(彼は) (好きだ) (パンダ)　(彼はパンダが好きです。)

動物や植物のワードリスト

panda (パンダ)　　　　kangaroo (カンガルー)　　bird (鳥)
sunflower (ヒマワリ)　koala (コアラ)　　　　　dog (イヌ)
tulip (チューリップ)　 dolphin (イルカ)　　　　 monkey (サル)
cherry blossoms (桜の花)

Q1 次の日本語の文に合うように，（　）内から正しいほうを選び，〇でかこみましょう。 (10点×4＝40点)

❶ 彼女はカンガルーが好きです。 She (◯likes/ like) kangaroos.

❷ 私のお父さんは鳥が好きです。 My father (like /◯likes) birds.

❸ 私の妹はヒマワリが好きです。 My sister (like /◯likes) sunflowers.

❹ ケイトはコアラが好きです。 Kate (◯likes/ is like) koalas.

Q2 次の日本語の文に合うように，（　）内の語を並べかえ，＿＿ に書きましょう。ただし，文のはじめにくる語も小文字になっています。 (10点×3＝30点)

❶ テッドはパンダが好きです。 (likes / Ted / pandas).
　Ted likes pandas .

❷ 私の弟はイヌが好きです。 (likes / dogs / my brother).
　My brother likes dogs .

❸ その少女はチューリップが好きです。 (likes / the girl / tulips).
　The girl likes tulips .

Q3 次の日本語の文を英語の文にかえ，＿＿ に書きましょう。 (10点×3＝30点)

❶ 私のお母さんはイルカ (dolphins) が好きです。
　My mother likes dolphins.

❷ その少年はサル (monkeys) が好きです。
　The boy likes monkeys.

❸ その男性は桜の花 (cherry blossoms) が好きです。
　The man likes cherry blossoms.

ポイント▶ heやshe，the woman などの後ろの動詞にはsをつける

単数	複数
I (私は)	we (私たちは)
you (あなたは)	you (あなたたちは)
he (彼は) she (彼女は)	they (彼らは／彼女らは)
the woman (その女性は)	Tom and Nancy (トムとナンシーは)

10 彼女はヘビが好きではありません。
She does not like snakes.

211

/100点　答え ➡ 別冊 p.8

He likes ～.やShe likes ～.のように，三人称単数現在形のsがついた動詞を使った文を否定文にするときには，動詞の前にdoes notやdoesn'tを置きます。このとき三人称単数現在形のsを取り，動詞をもとの形に直すことも覚えておきましょう。

主語		動詞	名詞
She		likes	snakes.
（彼女は）		（好きだ）	（ヘビ）

（彼女はヘビが好きです。）

does not＋動詞のもとの形

主語			名詞
She	does not［doesn't］	like	snakes.
（彼女は）	（好きではない）		（ヘビ）

（彼女はヘビが好きではありません。）

食べ物と飲み物のワードリスト

salad（サラダ）　pizza（ピザ）　apple pie（アップルパイ）
pudding（プリン）　milk（牛乳）　coffee（コーヒー）　omelet（オムレツ）
chocolate（チョコレート）　candy（キャンディ）　green tea（緑茶）

Q1 次の日本語の文に合うように，（　）内から正しいほうを選び，○でかこみましょう。 （10点×4＝40点）

❶ 彼はサラダが好きではありません。 He (doesn't like/ don't like) salad.

❷ 彼女はピザが好きではありません。 She (isn't like /doesn't like) pizza.

❸ 私のお父さんはアップルパイが好きではありません。
My father (does not like/ do not like) apple pie.

❹ その男性はプリンが好きではありません。
The man (is not like /does not like) pudding.

Q2 次の日本語の文に合うように，（　）内の語を並べかえ，＿＿＿に書きましょう。ただし，文のはじめにくる語も小文字になっています。（10点×3＝30点）

❶ その少年は牛乳が好きではありません。 (like / the / doesn't / boy / milk).
The boy doesn't like milk .

❷ 私のお母さんはコーヒーが好きではありません。
(like / mother / does / my / not / coffee).
My mother does not like coffee .

❸ ユミはオムレツが好きではありません。
(Yumi / does / like / omelets / not).
Yumi does not like omelets .

Q3 次の日本語の文を英語の文にかえ，＿＿＿に書きましょう。 （10点×3＝30点）

❶ 彼はチョコレート (chocolate) が好きではありません。
He does not［doesn't］ like chocolate.

❷ 彼女はキャンディ (candy) が好きではありません。
She does not［doesn't］ like candy.

❸ その少女は緑茶が好きではありません。
The girl does not［doesn't］ like green tea.

ポイント▶ 人称という考え方

「一人称」はI（私は）やwe（私たちは）のように「自分」を含む語です。「二人称」はyou（あなたは／あなたたちは）のように相手を表す語です。「三人称」は，「一人称」や「二人称」以外のすべての人，物，事がらを表す名詞です。

---

11 彼は水泳が好きですか。
Does he like swimming?

212

/100点　答え ➡ 別冊 p.8

He likes ～.やShe likes ～.のように，三人称単数現在形のsがついた動詞を使った文を疑問文にするときには，文のはじめにDoesを置きます。このとき三人称単数現在形のsを取り，動詞をもとの形に直すことも覚えておきましょう。

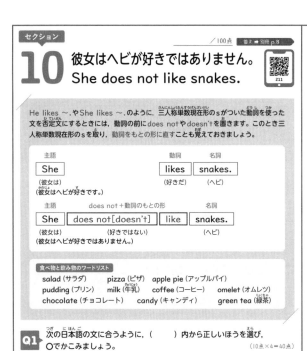

主語	動詞	名詞	
He	likes	swimming.	（彼は水泳が好きです。）
（彼は）	（好きだ）	（水泳）	

↓

	主語	動詞のもとの形	名詞	
Does	he	like	swimming?	（彼は水泳が好きですか。）
	（彼は）	（好きだ）	（水泳）	

趣味を表すワードリスト

swimming（水泳）　skiing（スキー）　cooking（料理）
skating（スケート）　dancing（ダンス）　jogging（ジョギング）
fishing（つり）　reading（読書）　shopping（買い物）
camping（キャンプ）

Q1 次の日本語の文に合うように，（　）内から正しいほうを選び，○でかこみましょう。 （10点×4＝40点）

❶ 彼はスキーが好きですか。 (Does he like/ Do he like) skiing?

❷ マユは料理が好きですか。 (Do Mayu like /Does Mayu like) cooking?

❸ その少年はスケートが好きですか。
(Is the boy like /Does the boy like) skating?

❹ あなたのお母さんはダンスが好きですか。
(Does your mother like/ Is your mother like) dancing?

Q2 次の日本語の文に合うように，（　）内の語を並べかえ，＿＿＿に書きましょう。ただし，文のはじめにくる語も小文字になっています。（10点×3＝30点）

❶ その女性はジョギングが好きですか。 (jogging / the / does / woman / like)?
Does the woman like jogging ?

❷ ケンはつりが好きですか。 (like / does / Ken / fishing)?
Does Ken like fishing ?

❸ その少女は読書が好きですか。 (reading / does / girl / like / the)?
Does the girl like reading ?

Q3 次の日本語の文を英語の文にかえ，＿＿＿に書きましょう。 （10点×3＝30点）

❶ あなたの妹 (your sister) は買い物が好きですか。
Does your sister like shopping?

❷ 彼女は水泳が好きですか。
Does she like swimming?

❸ あなたのお父さん (your father) はキャンプが好きですか。
Does your father like camping?

ポイント▶ 「私は～が得意です。」という意味の文

I am good at ～.「私は～が得意です」の文は，「～」の部分にワードリストの単語を入れて，自分の得意なことを表すことができます。
I am good at cooking.（私は料理が得意です。）

12 「彼は〜が好きですか」に対する答え方
Yes, he does./No, he does not.

/100点　答え → 別冊 p.9

213

Does he[she]like 〜?に答えるとき，「はい」の場合にはYes, 主語＋does.,「いいえ」の場合にはNo, 主語＋does not[doesn't].を使います。疑問文でthe boyのように男性を表す語句が主語になっている場合は，答えるときにはheを使います。またthe womanのように女性を表す語句が主語になっている場合は，答えるときにはsheを使います。名詞が2つ（2人）以上の複数を表すときには，名詞の語尾にsをつけます。

Does	主語	動詞のもとの形	名詞
Does	Tom	like	green peppers?
	（トム）	（好きだ）	（ピーマン）

（トムはピーマンが好きですか。）

Yes, he does.（はい，好きです。）/ No, he does not[doesn't].（いいえ，好きではありません。）

果物と野菜のワードリスト

green pepper（ピーマン）　grape（ブドウ）　strawberry（イチゴ）
tomato（トマト）　peach（モモ）　kiwi fruit（キウイフルーツ）
pineapple（パイナップル）　melon（メロン）　carrot（ニンジン）

Q1 次の日本語の文に合うように，（　）内から正しいほうを選び，〇でかこみましょう。　（10点×4＝40点）

① 彼はリンゴが好きですか。— はい，好きです。
Does he like apples? — Yes, (he does)/ I do).

② その男性はオレンジが好きですか。— いいえ，好きではありません。
Does the man like oranges? — No, (he does not)/ he is not).

③ あなたのお母さんはブドウが好きですか。— いいえ，好きではありません。
(Does your mother)/ Is your mother) like grapes? — No, (she isn't /(she doesn't)).

④ トムはイチゴが好きですか。— はい，好きです。
(Does Tom like)/ Is Tom like) strawberries? — Yes, (does he /(he does)).

Q2 次の日本語の文に合うように，（　）内の語を並べかえ，＿＿に書きましょう。ただし，文のはじめにくる語も小文字になっています。　（10点×3＝30点）

① その少女はトマトが好きですか。— はい，好きです。
Does the girl like tomatoes? — (yes / does /, / she).
— <u>Yes, she does</u>.

② 彼女はモモが好きですか。— いいえ，好きではありません。
Does she like peaches? — (no / doesn't /, / she).
— <u>No, she doesn't</u>.

③ ナミはキウイフルーツが好きですか。— はい，好きです。
Does Nami like kiwi fruits? — (she / does / yes /,).
— <u>Yes, she does</u>.

Q3 次の日本語の文を英語の文にかえ，＿＿に書きましょう。　（10点×3＝30点）

① あなたのお父さんはパイナップルが好きですか。— はい，好きです。
Does your father like pineapples? — <u>Yes, he does.</u>

② その女性はメロンが好きですか。— いいえ，好きではありません。
Does the woman like melons? — <u>No, she does not[doesn't].</u>

③ その少年はニンジンが好きですか。— はい，好きです。
Does the boy like carrots? — <u>Yes, he does.</u>

ポイント▶ 注意したい複数形
・peach（モモ）→ peaches　・dish（皿）→ dishes　・box（箱）→ boxes
・tomato（トマト）→ tomatoes　・strawberry（イチゴ）→ strawberries

---

13 彼はバイオリンを演奏します。
He plays the violin.

/100点　答え → 別冊 p.9

214

likeに続いてplayという動詞に三人称単数現在形の-sをつけた文を学習していきましょう。He plays 〜.やShe plays 〜.の「〜」の部分にthe＋楽器やスポーツを表す語を入れて練習をしましょう。ここでは「〜といっしょに」という意味のwith＋人という表現も合わせて練習しましょう。

主語	動詞	名詞	with＋人
I	play	the violin	with Nancy.
（私は）	（演奏する）	（バイオリン）	（ナンシーといっしょに）

（私はナンシーといっしょにバイオリンを演奏します。）

主語	動詞	名詞	with＋人
He	plays	the violin	with Nancy.
（彼は）	（演奏する）	（バイオリン）	（ナンシーといっしょに）

（彼はナンシーといっしょにバイオリンを演奏します。）

楽器のワードリスト
violin（バイオリン）　recorder（リコーダー）　drums（ドラム）

スポーツのワードリスト
soccer（サッカー）　baseball（野球）　badminton（バドミントン）
tennis（テニス）

Q1 （　）内から英語のルールを考えて正しいほうを選び，〇でかこみましょう。　（10点×4＝40点）

① (He)/ I) plays the violin.

② (The man)/ We) plays the guitar with David.

③ (She)/ They) plays the piano with Nami.

④ (My friend)/ My friends) plays volleyball.

Q2 次の日本語の文に合うように，（　）内の語を並べかえ，＿＿に書きましょう。ただし，文のはじめにくる語も小文字になっています。　（10点×3＝30点）

① その女性は友達とサッカーをします。
(woman / plays / the / soccer) with her friends.
<u>The woman plays soccer</u> with her friends.

② 私の弟は野球をします。(my / baseball / brother / plays).
<u>My brother plays baseball</u>.

③ その少女はリコーダーを演奏します。
(plays / girl / the / the / recorder).
<u>The girl plays the recorder</u>.

Q3 次の日本語の文を英語の文にかえ，＿＿に書きましょう。　（10点×3＝30点）

① その少年はドラム（drums）を演奏します。
<u>The boy plays the drums.</u>

② ケイト（Kate）は彼女の妹と（with her sister）バドミントンをします。
<u>Kate plays badminton with her sister.</u>

③ 私のお母さんは毎週（every week），テニスをします。
<u>My mother plays tennis every week.</u>

ポイント▶ 「遊ぶ」という意味のplay
playは，「遊ぶ」という意味で使うこともできます。
He plays outside with his friends every day.
（彼は毎日，友達と外で遊びます。）

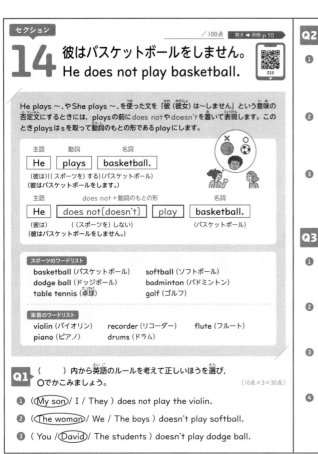

セクション 14 彼はバスケットボールをしません。
He does not play basketball.

/100点　答え → 別冊 p.10

He plays ～.やShe plays ～.を使った文を「彼（彼女）は～しません」という意味の否定文にするときには、playsの前にdoes notやdoesn'tを置いて表現します。このときplaysはsを取って動詞のもとの形であるplayにします。

主語	動詞	名詞
He	plays	basketball.

（彼は）（（スポーツを）する）（バスケットボール）
（彼はバスケットボールをします。）

主語	does not ＋動詞のもとの形		名詞
He	does not[doesn't]	play	basketball.

（彼は）　（（スポーツを）しない）　（バスケットボール）
（彼はバスケットボールをしません。）

スポーツのワードリスト
basketball（バスケットボール）　　softball（ソフトボール）
dodge ball（ドッジボール）　　　　badminton（バドミントン）
table tennis（卓球）　　　　　　　golf（ゴルフ）

楽器のワードリスト
violin（バイオリン）　recorder（リコーダー）　flute（フルート）
piano（ピアノ）　　　drums（ドラム）

Q1 （　　）内から英語のルールを考えて正しいほうを選び、○でかこみましょう。　(10点×3＝30点)

❶ (My son／ I ／ They) does not play the violin.

❷ (The woman／ We ／ The boys) doesn't play softball.

❸ (You ／David／ The students) doesn't play dodge ball.

Q2 次の日本語の文に合うように、（　　）内の語を並べかえ、＿＿＿ に書きましょう。ただし、文のはじめにくる語も小文字になっています。(10点×3＝30点)

❶ ケンはリコーダーを演奏しません。
(the / does / Ken / play / recorder / not).
Ken does not play the recorder .

❷ 彼女はフルートを演奏しません。
(the / play / does / she / not / flute).
She does not play the flute .

❸ その少年はバドミントンをしません。
(doesn't / play / the / badminton / boy).
The boy doesn't play badminton .

Q3 次の日本語の文を英語の文にかえ、＿＿＿ に書きましょう。　(10点×4＝40点)

❶ その男性はピアノを演奏しません。
The man does not[doesn't] play the piano.

❷ その少女はドラム (drums) を演奏しません。
The girl does not[doesn't] play the drums.

❸ 私の娘 (my daughter) は卓球をしません。
My daughter does not[doesn't] play table tennis.

❹ メアリー (Mary) はゴルフをしません。
Mary does not[doesn't] play golf.

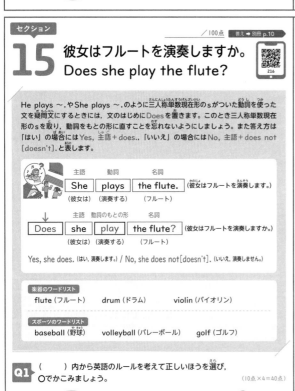

セクション 15 彼女はフルートを演奏しますか。
Does she play the flute?

/100点　答え → 別冊 p.10

He plays ～.やShe plays ～.のように三人称単数現在形のsがついた動詞を使った文を疑問文にするときには、文のはじめにDoesを置きます。このとき三人称単数現在形のsを取り、動詞をもとの形に直すことを忘れないようにしましょう。また答え方は「はい」の場合にはYes, 主語＋does.、「いいえ」の場合にはNo, 主語＋does not[doesn't].と表します。

主語	動詞	名詞
She	plays	the flute.

（彼女はフルートを演奏します。）
（彼女は）　（演奏する）　（フルート）

↓

Does	主語	動詞のもとの形	名詞
Does	she	play	the flute?

（彼女はフルートを演奏しますか。）
（彼女は）（演奏する）（フルート）

Yes, she does.（はい、演奏します。）／ No, she does not[doesn't].（いいえ、演奏しません。）

楽器のワードリスト
flute（フルート）　　drum（ドラム）　　violin（バイオリン）

スポーツのワードリスト
baseball（野球）　volleyball（バレーボール）　golf（ゴルフ）

Q1 （　　）内から英語のルールを考えて正しいほうを選び、○でかこみましょう。　(10点×4＝40点)

❶ Does (the man／ you / they) play the recorder? —Yes, (he／ I) does.

❷ Does (your friends /your father／ you) play softball?

❸ Does (the girls /The boy／ you) play the guitar? —Yes, (he／ she) does.

❹ Does Ken play table tennis? — No, (they don't /he doesn't).

Q2 次の日本語の文に合うように、（　　）内の語を並べかえ、＿＿＿ に書きましょう。ただし、文のはじめにくる語も小文字になっています。(10点×3＝30点)

❶ あなたの友達は野球をしますか。
(baseball / your / does / play / friend)?
Does your friend play baseball ?

❷ その女性はドラムを演奏しますか。— いいえ、演奏しません。
Does the woman play the drums? — No, (she / not / does).
— No, she does not .

❸ ミカはバイオリンを演奏しますか。— はい、演奏します。
Does Mika play the violin? — Yes, (does / she).
— Yes, she does .

Q3 次の日本語の文を英語の文にかえ、＿＿＿ に書きましょう。　(10点×3＝30点)

❶ あなたのお父さん (your father) はバレーボールをしますか。
Does your father play volleyball?

❷ 彼はフルートを演奏しますか。— いいえ、演奏しません。
Does he play the flute? — No, he does not[doesn't].

❸ 彼女はゴルフをしますか。— はい、します。
Does she play golf? — Yes, she does.

確認テスト2 9 ～ 15

/100点

Q1 次の（　）内に入る語句を選び，記号で答えましょう。 (3点×3＝9点)

(1) 彼女はオレンジが好きですか。（ **イ** ）she like oranges?
ア Do　イ Does　ウ Is

(2) 私は毎週バイオリンを演奏します。I（ **ウ** ）the violin every week.
ア like　イ want　ウ play

(3) 私の兄はサッカーを練習しません。My brother（ **ア** ）practice soccer.
ア does not　イ is not　ウ do not

Q2 次の日本語の文に合うように，＿＿＿に適する語を1つ書きましょう。 (5点×3＝15点)

(1) 彼女は英語が好きです。
She __likes__ English.

(2) その女性はソフトボールをしません。
The woman __doesn't__ play softball.

(3) 彼は読書が好きですか。— はい，好きです。
__Does__ he like reading?
— Yes, he __does__ .

Q3 次の日本語の文に合うように，（　）内の語を並べかえ，＿＿＿に書きましょう。ただし，文のはじめにくる語も小文字になっています。 (8点×3＝24点)

(1) 私のお母さんはパンダが好きです。（ mother / likes / pandas / my ）.
__My mother likes pandas__ .

(2) 私の息子はサッカーをしません。（ son / soccer / my / play / doesn't ）.
__My son doesn't play soccer__ .

(3) 彼女は日本が好きですか。
（ like / she / Japan / does ）?
__Does she like Japan__ ?

Q4 次の日本語の文を英語の文にかえ，＿＿＿に書きましょう。 (13点×4＝52点)

(1) 彼はヘビ(snakes)が好きではありません。
__He does not[doesn't] like snakes.__

(2) ユカ(Yuka)は毎週テニスをします。
__Yuka plays tennis every week.__

(3) 彼女は毎日ギターを演奏しますか。
__Does she play the guitar every day?__

(4) その男性は夏が好きですか。— はい，好きです。
Does the man like summer? — __Yes, he does.__

セクション

16 彼はスマートフォンを持っています。
He has a smartphone.

/100点　答え➡別冊 p.11

like / play に続いて have（持っている）という動詞を三人称単数現在形にした文を練習しましょう。have の三人称単数現在形は has という形です。

主語	動詞	名詞
I (私は)	have (持っている)	a smartphone. (スマートフォン)

(私はスマートフォンを持っています。)

主語	動詞	名詞
He (彼は)	has (持っている)	a smartphone. (スマートフォン)

(彼はスマートフォンを持っています。)

身の回りのもののワードリスト
smartphone（スマートフォン）　car（車）
computer（コンピューター）　notebook（ノート）　camera（カメラ）
racket（ラケット）　book（本）　cap（ぼうし）

体調不良を表すワードリスト
fever（熱）　cold（風邪）　headache（頭がいたい）

Q1 次の日本語の文に合うように，（　）内から正しいほうを選び，○でかこみましょう。 (10点×4＝40点)

❶ 私の先生は2台の車を持っています。My teacher (（has）/ have) two cars.

❷ 彼は熱があります。He (（has）/ have) a fever.

❸ あなたのお父さんはよいコンピューターを持っています。
Your father (（has）/ have) a good computer.

❹ 彼女は4冊のノートを持っています。She (is has /（has）) four notebooks.

Q2 次の日本語の文に合うように，（　）内の語を並べかえ，＿＿＿に書きましょう。ただし，文のはじめにくる語も小文字になっています。 (10点×3＝30点)

❶ その生徒は風邪をひいています。（ student / has / the / a / cold ）.
__The student has a cold__ .

❷ マイクは3台のカメラを持っています。（ has / Mike / cameras / three ）.
__Mike has three cameras__ .

❸ その女性はいくつかのラケットを持っています。
（ woman / some / has / rackets / the ）.
__The woman has some rackets__ .

Q3 次の日本語の文を英語の文にかえ，＿＿＿に書きましょう。 (10点×3＝30点)

❶ 私のお母さん(my mother)は頭がいたいです。
__My mother has a headache.__

❷ その少女(the girl)は数冊の本を持っています。
__The girl has some books.__

❸ 彼は5つのぼうしを持っています。
__He has five caps[hats].__

ポイント▶ 三人称単数現在形のsのつけ方
have が has になる練習をしましたが，そのほかにも，そのままsをつけるのではなく，語のおわりを少し変えてsをつけなければならない動詞があります。
・go「行く」→ goes　・watch「見る」→ watches　・cry「泣く」→ cries
・wash「洗う」→ washes　・study「勉強する」→ studies

17 彼はハムスターを飼っていません。
He does not have any hamsters.

/100点　答え➡別冊 p.12

219

He has ～.や She has ～.の文を否定文にするときには，has の前に does not や doesn't を置きます。このとき has を have に直すことを忘れないように注意しましょう。また否定文では some（いくつかの）は any に書きかえます。not + any の文では「まったく～ない」という意味になります。

主語	動詞		名詞
He	has	some	hamsters.

（彼は）（飼っている）（いくつかの）（ハムスター）
（彼は何びきかのハムスターを飼っています。）

主語	does not + 動詞のもとの形			名詞
He	does not[doesn't]	have	any	hamsters.

（彼は）（飼っていない）（まったく）（ハムスター）
（彼はハムスターをまったく飼っていません。）

動物・人のワードリスト

pet（ペット）　　cat（ネコ）　　hamster（ハムスター）　dog（イヌ）
rabbit（ウサギ）　brother（兄弟）child（子ども）　daughter（娘）
sister（姉妹）　　son（息子）　　friend（友達）

Q1 次の日本語の文に合うように，（　　）内から正しいほうを選び，〇でかこみましょう。　（10点×4＝40点）

❶ 彼女はネコを飼っていません。
She ((does not have) / do not have) a cat.

❷ その少年には兄弟がいません。
The boy (is not have / (does not have)) a brother.

❸ ユカはハムスターをまったく飼っていません。
Yuka ((doesn't have) / don't have) any hamsters.

❹ その女性はウサギを飼っていません。
The woman (isn't have / (doesn't have)) a rabbit.

Q2 次の日本語の文に合うように，（　　）内の語を並べかえ，＿＿＿ に書きましょう。ただし，文のはじめにくる語も小文字になっています。（10点×3＝30点）

❶ 彼には子どもがいません。（ a / does / he / not / have / child ）.
__He does not have a child__ .

❷ その女性には娘がいません。
(have / woman / a / the / doesn't / daughter).
__The woman doesn't have a daughter__ .

❸ マイクはペットをまったく飼っていません。
(any / doesn't / have / Mike / pets).
__Mike doesn't have any pets__ .

Q3 次の日本語の文を英語の文にかえ，＿＿＿ に書きましょう。（10点×3＝30点）

❶ 私の友達（my friend）には姉妹がまったくいません。
__My friend does not[doesn't] have any sisters.__

❷ 彼はイヌを飼っていません。
__He does not[doesn't] have a dog.__

❸ その男性（the man）には息子がいません。
__The man does not[doesn't] have a son.__

---

18 彼女は何冊かのマンガを持っていますか。
Does she have any comics?

/100点　答え➡別冊 p.12

220

He has ～.や She has ～.の文を疑問文にするときには，文のはじめに Does を置いて表現します。このとき has を have に直すことを忘れないようにしましょう。「はい」と答えるときには，Yes, 主語 + does., 「いいえ」と答えるときには，No, 主語 + does not[doesn't].を使います。疑問文や否定文では some の代わりに any が用いられます。

主語	動詞		名詞
She	has	some	comics.

（彼女は）（持っている）（何冊かの）（マンガ）（彼女は何冊かのマンガを持っています。）

	主語	動詞のもとの形		名詞
Does	she	have	any	comics?

（彼女は）（持っている）（何冊かの）（マンガ）（彼女は何冊かのマンガを持っていますか。）

Yes, she does.（はい，持っています。）/ No, she does not[doesn't].
（いいえ，持っていません。）

身の回りの物のワードリスト

comic（マンガ）　book（本）　pencil（鉛筆）　computer（コンピューター）
notebook（ノート）novel（小説）plastic bag（ビニールぶくろ）

Q1 次の日本語の文に合うように，（　　）内から正しいほうを選び，〇でかこみましょう。　（10点×4＝40点）

❶ 彼はスマートフォンを持っていますか。― はい，持っています。
((Does he have) / He has) a smartphone? ― Yes, ((he does) / he is).

❷ あなたの息子は美しい写真を持っているのですか。
((Does your son have) / Do you son have) beautiful pictures?

❸ ミキはぼうしを持っていますか。― はい，持っています。
((Does Miki have) / Miki does have) a hat? ― Yes, ((she does) / she is).

❹ その女の子はいくつかのラケットを持っていますか。― いいえ，持っていません。
Does the girl have any rackets? ― No, (she does / (she doesn't)).

Q2 次の日本語の文に合うように，（　　）内の語を並べかえ，＿＿＿ に書きましょう。ただし，文のはじめにくる語も小文字になっています。（10点×3＝30点）

❶ あなたの娘は何冊かの本を持っていますか。
(does / daughter / your / any books / have)?
__Does your daughter have any books__ ?

❷ マイクは何本かの鉛筆を持っていますか。
(have / does / Mike / any pencils)?
__Does Mike have any pencils__ ?

❸ 彼女はよいコンピューターを持っていますか。― いいえ，持っていません。
Does she have a good computer? ― (not / no / , / she / does).
― __No, she does not__ .

Q3 次の日本語の文を英語の文にかえ，＿＿＿ に書きましょう。（10点×3＝30点）

❶ その少年はノートを持っていますか。― いいえ，持っていません。
Does the boy have a notebook? ― __No, he does not[doesn't].__

❷ その少女はおもしろい小説（an interesting novel）を持っていますか。
__Does the girl have an interesting novel?__

❸ 彼女はビニールぶくろを持っていますか。
__Does she have a plastic bag?__

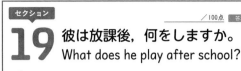

セクション 19 彼は放課後，何をしますか。 What does he play after school?

／100点　答え → 別冊 p.13

三人称単数の名詞が主語になった文の疑問文では Does ＋主語＋一般動詞のもとの形 ～? が使われることを学習しました。ここではそれらの文の先頭に疑問詞の what「何を」を置いて What ＋ does ＋主語＋動詞のもとの形 ～?「（主語）は何を～しますか」という文を作ります。what の代わりに where（どこ）/ when（いつ）/ how（どのように）のような疑問詞を置くこともできます。

主語	動詞	名詞	
Does	he	play	soccer	after school?

（彼は）（する）（サッカー）（放課後）
(彼は放課後，サッカーをしますか。)

疑問詞		主語	動詞	
What	does	he	play	after school?

（何を）（彼は）（する）（放課後）
(彼は放課後，何をしますか。)

一般動詞のワードリスト
play（（スポーツを）する）/（楽器を）演奏する）　like（好きだ）
have（持っている）　want（ほしい）　eat（食べる）

Q1 次の日本語の文に合うように，（　）内から正しいほうを選び，〇でかこみましょう。 （10点×4＝40点）

❶ 彼女は昼食に何を好みますか。
What (does she like / do she like) for lunch?

❷ 彼は手の中に何を持っていますか。
What (does he have / is he have) in his hand?

❸ その女性は何をしますか。 What does (the woman plays / the woman play)?

❹ その少年は何をほしがっているのですか。
What (is the boy want / does the boy want)?

Q2 次の日本語の文に合うように，（　）内の語を並べかえ，＿＿に書きましょう。ただし，文のはじめにくる語も小文字になっています。（10点×3＝30点）

❶ その少女はそのカバンの中に何を持っているのですか。
(does / what / girl / the / have) in the bag?
What does the girl have in the bag?

❷ その少年は何をほしがっているのですか。 (the / what / does / boy / want)?
What does the boy want ?

❸ 彼は朝食に何を食べますか。 (he / for breakfast / what / does / eat)?
What does he eat for breakfast ?

Q3 次の日本語の文を英語の文にかえ，＿＿に書きましょう。 （10点×3＝30点）

❶ その少女は放課後 (after school)，何を演奏しますか。
What does the girl play after school?

❷ あなたの息子 (your son) は夕食に (for dinner) 何を好みますか。
What does your son like for dinner?

❸ あなたの娘 (your daughter) はそのカバンの中に何を持っているのですか。
What does your daughter have in the bag?

ポイント▶ my ～（私の）など
my は「私の」という意味です。your「あなたの」/ his「彼の」/ her「彼女の」なども使えるようにしましょう。

セクション 20 彼女は毎年，京都をおとずれます。 She visits Kyoto every year.

／100点　答え → 別冊 p.13

ここまで三人称単数の文を like と play と have を使って練習してきました。このセクションでは，さまざまな一般動詞を使って練習していきましょう。主語が三人称単数のときは，動詞の最後に -s をつけることを忘れないようにしましょう。

主語	動詞	名詞	
We	visit	Kyoto	every year.

（私たちは）（おとずれる）（京都）（毎年）
(私たちは毎年，京都をおとずれます。)

主語	動詞	名詞	
She	visits	Kyoto	every year.

（彼女は）（おとずれる）（京都）（毎年）
(彼女は毎年，京都をおとずれます。)

一般動詞のワードリスト
visit（おとずれる）　speak（話す）　drink（飲む）　eat（食べる）
walk to ～（～に歩いて行く）　write（書く）　make（作る）
live in ～（～に住む）　get up（起きる）

Q1 次の日本語の文に合うように，（　）内から正しいほうを選び，〇でかこみましょう。 （10点×4＝40点）

❶ 彼は英語を話します。 He (speaks / speak) English.

❷ 私のおばあちゃんは毎朝，緑茶を飲みます。
My grandmother (drink / drinks) green tea every morning.

❸ 彼女は毎日，オレンジを食べます。
She (eats / is eats) oranges every day.

❹ その女性は毎日，オフィスに歩いて行きます。
The woman (walks / walk) to the office every day.

Q2 次の日本語の文に合うように，（　）内の語を並べかえ，＿＿に書きましょう。ただし，文のはじめにくる語も小文字になっています。（10点×3＝30点）

❶ 私のおじいちゃんは毎月，京都をおとずれます。
(grandfather / my / Kyoto / visits) every month.
My grandfather visits Kyoto every month.

❷ 彼は毎日，レポートを書きます。
(a / report / he / writes) every day.
He writes a report every day.

❸ 彼の娘は毎週，カレーを作ります。
(daughter / curry / makes / his) every week.
His daughter makes curry every week.

Q3 次の日本語の文を英語の文にかえ，＿＿に書きましょう。 （10点×3＝30点）

❶ 私たちのお父さん (our father) は毎晩 (every night)，ワイン (wine) を飲みます。
Our father drinks wine every night.

❷ その年配の男性 (the elderly man) は大阪 (Osaka) に住んでいます。
The elderly man lives in Osaka.

❸ マイク (Mike) は，毎朝6時に (at six) 起きます。
Mike gets up at six every morning.

ポイント▶ 時刻を表す表現
「○時に～する」の「○時に」のように「時刻」を表す表現は，at を使って at ＋時刻で表します。at seven で「7時に」です。

13

セクション 21 — 彼はテニスを楽しみません。 He does not enjoy tennis.

_____ /100点 答え ➡ 別冊 p.14

主語が三人称単数の否定文をさまざまな一般動詞を使って練習しましょう。否定文を作るときには，does notかdoesn'tを一般動詞の前に置いて作ります。このときの一般動詞はもとの形に直すようにしましょう。

主語	動詞	名詞	
He	enjoys	tennis.	（彼はテニスを楽しみます。）
（彼は）	（楽しむ）	（テニス）	

↓

主語	does not + 動詞のもとの形	名詞	
He	does not[doesn't]	enjoy	tennis.	（彼はテニスを楽しみません。）
（彼は）	（楽しまない）		（テニス）	

一般動詞のワードリスト

enjoy（楽しむ）　drink（飲む）　eat（食べる）　cook（料理する）
read（読む）　go to ～（～に行く）　use（道具などを）使う）
paint（（絵を）かく）　ride（乗る）　spend（お金を）使う）
listen to ～（～を聞く）

Q1 次の日本語の文に合うように，（　）内から正しいほうを選び，○でかこみましょう。 （10点×4＝40点）

❶ 彼女はコーヒーを飲みません。She (is not drink /⟪does not drink⟫) coffee.

❷ 私のお母さんは肉を食べません。My mother (⟪doesn't eat⟫/ not eat) meat.

❸ その男性は夕食を料理しません。
The man (don't cook /⟪doesn't cook⟫) dinner.

❹ 私のお父さんは雑誌を読みません。
My father (⟪does not read⟫/ is not read) magazines.

Q2 次の日本語の文に合うように，（　）内の語を並べかえ，＿＿＿に書きましょう。ただし，文のはじめにくる語も小文字になっています。（10点×3＝30点）

❶ その男性は沖縄に行きません。
(man / doesn't / the / Okinawa / go to).
The man doesn't go to Okinawa .

❷ その女性は，スマートフォンを使いません。
(does / the / woman / not / use / a smartphone).
The woman does not use a smartphone .

❸ ナンシーは絵をかきません。
(Nancy / paint / doesn't / pictures).
Nancy doesn't paint pictures .

Q3 次の日本語の文を英語の文にかえ，＿＿＿に書きましょう。（10点×3＝30点）

❶ 私のお父さんは自転車（a bike）に乗りません。
My father does not[doesn't] ride a bike.

❷ デイビッド（David）はまったくお金（any money）を使いません。
David does not[doesn't] spend any money.

❸ 彼女は彼女のお父さん（her father）の言うことを聞きません。
She does not[doesn't] listen to her father.

ポイント▶ pictureの意味

pictureには「絵」と「写真」の両方の意味があります。
He takes pictures of Mt. Fuji.「彼は富士山の写真をとります。」

セクション 22 — 彼女は毎朝，牛乳を飲みますか。 Does she drink milk every morning?

_____ /100点 答え ➡ 別冊 p.14

主語が三人称単数の疑問文をさまざまな一般動詞を使って練習しましょう。疑問文を作るときには，文のはじめにDoesを置きます。このときの一般動詞はもとの形に直すようにしましょう。「はい」と答えるときにはYes, 主語＋does., 「いいえ」と答えるときにはNo, 主語＋does not[doesn't]. と表します。

主語	動詞	名詞	
She	drinks	milk	every morning.
（彼女は）	（飲む）	（牛乳）	（毎朝）

（彼女は毎朝，牛乳を飲みます。）

↓

	主語	動詞のもとの形	名詞	
Does	she	drink	milk	every morning?
	（彼女は）	（飲む）	（牛乳）	（毎朝）

（彼女は毎朝，牛乳を飲みますか。）

Yes, she does. (はい，飲みます。) / No, she does not[doesn't]. (いいえ，飲みません。)

一般動詞のワードリスト

drink（飲む）　study（勉強する）　eat（食べる）
take（（写真を）とる）　speak（話す）　cook（料理する）
visit（おとずれる）　write（書く）　stay（滞在する）

Q1 次の日本語の文に合うように，（　）内から正しいほうを選び，○でかこみましょう。 （10点×4＝40点）

❶ あなたのお母さんは中国語を勉強しますか。
(⟪Does your mother study⟫/ Is your mother study) Chinese?

❷ 彼は毎日，サラダを食べますか。
(⟪Does he eat⟫/ Do he eat) salad every day?

❸ ナンシーは毎朝，コーヒーを飲みますか。— いいえ，飲みません。
Does Nancy drink coffee every morning? — No, (⟪she doesn't⟫/ she isn't).

❹ あなたのお父さんは，富士山の写真をとるのですか。— いいえ，とりません。
Does your father take pictures of Mt. Fuji? — No, (⟪he doesn't⟫/ he don't).

Q2 次の日本語の文に合うように，（　）内の語を並べかえ，＿＿＿に書きましょう。ただし，文のはじめにくる語も小文字になっています。（10点×3＝30点）

❶ あなたのお父さんは日本語を話しますか。
(speak / father / does / your) Japanese?
Does your father speak Japanese?

❷ 彼女は毎年，夏に北海道をおとずれるのですか。
(does / visit / she / Hokkaido) every summer?
Does she visit Hokkaido every summer?

❸ その男性は昼食を料理しますか。— いいえ，しません。
Does the man cook lunch? — (no /, / does / not / he).
— No, he does not .

Q3 次の日本語の文を英語の文にかえ，＿＿＿に書きましょう。（10点×3＝30点）

❶ あなたの妹（your sister）は毎日（every day）フライドポテト（French fries）を食べるのですか。
Does your sister eat French fries every day?

❷ あなたのお母さん（your mother）は毎年，春（every spring）に沖縄に（in Okinawa）滞在するのですか。
Does your mother stay in Okinawa every spring?

❸ その男性は手紙を書きますか。— いいえ，書きません。
Does the man write letters? — No, he does not[doesn't].

セクション 23 彼は夕食後に皿を洗います。
He washes the dishes after dinner.

/100点　答え ➡ 別冊 p.15

 225

このセクションでも三人称単数の主語が使われている文の練習をしていきます。watch，wash，goのようにch，sh，oで終わる動詞にはesをつけます。またstudyのようにyで終わる動詞にはyをiに変えてからesをつけるものもあります。

主語	動詞	名詞		
I	wash	the dishes	after dinner.	（私は夕食後に皿を洗います。）
（私は）	（洗う）	（皿）	（夕食後に）	

主語	動詞	名詞		
He	washes	the dishes	after dinner.	（彼は夕食後に皿を洗います。）
（彼は）	（洗う）	（皿）	（夕食後に）	

esをつける動詞のワードリスト
wash（洗う）→ washes　watch（見る）→ watches　go（行く）→ goes

yをiに変えてesをつける動詞のワードリスト
study（勉強する）→ studies　　try（ためす，挑戦する）→ tries

Q1 次の日本語の文に合うように，（　）内から正しいほうを選び，○でかこみましょう。 (10点×4＝40点)

❶ 彼は毎晩，YouTubeの動画を見ます。
He (watches / watch) YouTube videos every night.

❷ 彼女はイタリアで音楽の勉強をしています。 She (study / studies) music in Italy.

❸ その男性はいつも何かに挑戦しています。
The man always (tries / try) something.

❹ ケイトは毎年，夏にハワイへ行きます。 Kate (go / goes) to Hawaii every summer.

Q2 次の日本語の文に合うように，（　）内の語を並べかえ，＿＿ に書きましょう。ただし，文のはじめにくる語も小文字になっています。(10点×3＝30点)

❶ ジョンは夕食前に手を洗います。（ washes / his hands / John ）before dinner.
<u>John washes his hands</u> before dinner.

❷ マユは7時30分に学校に行きます。（ goes / Mayu / school / to ）at 7:30.
<u>Mayu goes to school</u> at 7:30.

❸ その女性はサッカーの試合を見ます。
(woman / watches / a soccer game / the).
<u>The woman watches a soccer game</u> .

Q3 次の日本語の文を英語の文にかえ，＿＿ に書きましょう。 (10点×3＝30点)

❶ 彼女はテレビで (on TV) ボクシングの試合 (a boxing match) を見ます。
<u>She watches a boxing match on TV.</u>

❷ 彼は夕食後 (after dinner) に英語の勉強をします。
<u>He studies English after dinner.</u>

❸ その少年はおもしろいこと (interesting things) に挑戦します。
<u>The boy tries interesting things.</u>

ポイント▶ yで終わっている動詞
yで終わっている動詞でもsをつけるだけのものもあります。
play（（スポーツを）する，（楽器を）演奏する）→ plays
enjoy（楽しむ）→ enjoys

セクション 24 彼は土曜日に学校に行きません。
He does not go to school on Saturdays.

/100点　答え ➡ 別冊 p.15

226

三人称単数の名詞が主語になっている文の否定文を作る練習をしましょう。動詞はwatch，wash，go，try，cry，studyを使います。主語＋does not [doesn't] ＋動詞のもとの形という語順に気をつけて練習をしましょう。

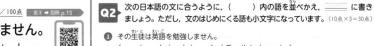

主語	動詞			
He	goes	to school	on Saturdays.	
（彼は）	（行く）	（学校に）	（土曜日に）	
（彼は土曜日に学校に行きます。）				

主語	does not＋動詞のもとの形			
He	does not[doesn't]	go	to school	on Saturdays.
（彼は）	（行かない）		（学校に）	（土曜日に）
（彼は土曜日に学校に行きません。）				

一般動詞のワードリスト
go（行く）　　　　watch（見る）　　　try（ためす，挑戦する）
study（勉強する）　wash（洗う）　　　cry（泣く）

Q1 次の日本語の文に合うように，（　）内から正しいほうを選び，○でかこみましょう。 (10点×4＝40点)

❶ 彼はYouTubeの動画を見ません。
He (does not watch / is not watch) YouTube videos.

❷ その男性は何も挑戦しません。 The man (don't try / doesn't try) anything.

❸ 彼女は泣きません。 She (doesn't cry / isn't cry).

❹ ミキは1人では外出しません。
Miki (does not go / do not go) out alone.

Q2 次の日本語の文に合うように，（　）内の語を並べかえ，＿＿ に書きましょう。ただし，文のはじめにくる語も小文字になっています。(10点×3＝30点)

❶ その生徒は英語を勉強しません。
(student / the / doesn't / English / study).
<u>The student doesn't study English</u> .

❷ 私のお父さんは皿を洗いません。
(doesn't / father / wash / my / dishes / the).
<u>My father doesn't wash the dishes</u> .

❸ その少年は土曜日に学校に行きません。
(boy / does / the / not / to school / go) on Saturdays.
<u>The boy does not go to school</u> on Saturdays.

Q3 次の日本語の文を英語の文にかえ，＿＿ に書きましょう。 (10点×3＝30点)

❶ 彼女はボクシングの試合 (boxing matches) を見ません。
<u>She does not[doesn't] watch boxing matches.</u>

❷ トム (Tom) は泣きません。
<u>Tom does not[doesn't] cry.</u>

❸ その少年は自分の手 (his hands) を洗いません。
<u>The boy does not[doesn't] wash his hands.</u>

ポイント▶ wash の使い方
washは，さまざまな体の部分を洗うことを表します。wash my hands「私の手を洗う」，wash my face「私の顔を洗う」，wash my hair「私のかみの毛を洗う」などのように使います。

15

25 タクヤは公園に行きますか。
Does Takuya go to the park?

227

三人称単数の名詞が主語になっている文の疑問文とその答え方の練習をしましょう。動詞はwatch，wash，go，try，studyを使います。Does＋主語＋動詞のもとの形 ～? の語順に気をつけて練習しましょう。また，答え方は「はい」のときはYes，主語＋does.，「いいえ」のときにはNo，主語＋does not［doesn't］.を使います。

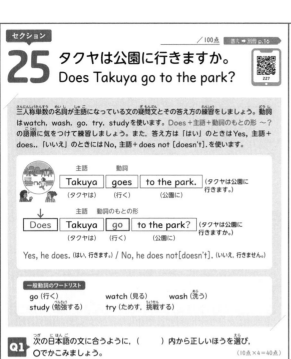

主語	動詞	
Takuya	goes	to the park.
(タクヤは)	(行く)	(公園に)

(タクヤは公園に行きます。)

↓

	主語	動詞のもとの形	
Does	Takuya	go	to the park?
	(タクヤは)	(行く)	(公園に)

(タクヤは公園に行きますか。)

Yes, he does. (はい，行きます。) / No, he does not［doesn't］. (いいえ，行きません。)

■一般動詞のワードリスト

go (行く) watch (見る) wash (洗う)
study (勉強する) try (ためす，挑戦する)

Q1 次の日本語の文に合うように，（　）内から正しいほうを選び，〇でかこみましょう。 (10点×4＝40点)

❶ 彼女はYouTubeの動画を毎日見るのですか。― はい，見ます。
Does she watch YouTube videos every day? ― Yes, (she does / she is).

❷ トムは皿を洗いますか。
(Tom does wash / Does Tom wash) the dishes?

❸ その生徒は英語を勉強しますか。
(Do the student study / Does the student study) English?

❹ ジョンはハワイに行きますか。― いいえ，行きません。
(Does John go / Does John goes) to Hawaii? ― No, (he isn't / he doesn't).

Q2 次の日本語の文に合うように，（　）内の語を並べかえ，＿＿＿ に書きましょう。ただし，文のはじめにくる語も小文字になっています。(10点×3＝30点)

❶ 彼は夕食前に自分の手を洗いますか。― はい，洗います。
Does he wash his hands before dinner? ― (does / yes / , / he).
＿＿ Yes, he does ＿＿．

❷ その少女は学校に行きますか。
(school / does / go to / the girl)?
＿＿ Does the girl go to school ＿＿ ?

❸ あなたの息子は新しいことに挑戦しますか。
(try / does / new things / your son)?
＿＿ Does your son try new things ＿＿ ?

Q3 次の日本語の文を英語の文にかえ，＿＿＿ に書きましょう。(10点×3＝30点)

❶ その女性は毎週 (every week) 図書館へ (to the library) 行きますか。
＿＿ Does the woman go to the library every week? ＿＿

❷ あなたのお母さんはテレビで (on TV) サッカーの試合 (soccer games) を見ますか。
＿＿ Does your mother watch soccer games on TV? ＿＿

❸ ナミ (Nami) は英語 (English) を勉強しますか。― いいえ，勉強しません。
Does Nami study English? ― ＿＿ No, she does not［doesn't］. ＿＿

確認テスト3

出題はんい 16～25

228

/100点

Q1 次の（　）内に入る語句を選び，記号で答えましょう。 (4点×3＝12点)

(1) 私のお父さんは英語を話します。
My father (イ) English.
ア speak イ speaks ウ is speaks

(2) 彼はよい友達がいます。
He (ウ) good friends.
ア have イ is ウ has

(3) 彼女は野球の試合を見ません。
She (ア) watch the baseball game.
ア doesn't イ don't ウ isn't

Q2 次の文で間違っている語を〇でかこみ，正しく直して，その語を＿＿＿ に書きましょう。 (8点×3＝24点)

(1) マイクは英語を話します。
Mike speak English.
＿＿ speaks ＿＿

(2) 彼はコーヒーを飲みません。
He is not drink coffee.
＿＿ does ＿＿

(3) あなたのお母さんは毎年，京都をおとずれますか。
Do your mother visit Kyoto every year?
＿＿ Does ＿＿

Q3 次の日本語の文に合うように，（　）内の語を並べかえ，＿＿＿ に書きましょう。ただし，文のはじめにくる語も小文字になっています。 (8点×3＝24点)

(1) 彼女はイヌを飼っていますか。― はい，飼っています。
(she / does / have / a dog)? ― (does / she / yes / ,).
＿ Does she have a dog ＿ ? ― ＿ Yes, she does ＿ ．

(2) ミキは毎日，何を勉強しますか。
(Miki / study / does / what) every day?
＿ What does Miki study ＿ every day?

(3) その少年は手の中に数枚のコインを持っています。
(the boy / some coins / has) in his hand.
＿ The boy has some coins ＿ in his hand.

Q4 次の日本語の文を英語の文にかえ，＿＿＿ に書きましょう。 (10点×4＝40点)

(1) マイク (Mike) は英語を話します。
＿ Mike speaks English. ＿

(2) 彼は写真をとります (take pictures)。
＿ He takes pictures. ＿

(3) 彼女は理科と算数 (science and math) を勉強します。
＿ She studies science and math. ＿

(4) トム (Tom) は大きいイヌ (a large dog) を飼っていますか。
＿ Does Tom have a large dog? ＿

セクション 26

私は昨日, リコーダーを演奏しました。
I played the recorder yesterday.

/100点　答え ➡ 別冊 p.17

過去のことを表す表現について勉強しましょう。英語では過去のことを表すときに一般動詞の語のおわりにedをつけます。このセクションではplayをplayedにして「～しました」という意味の文を作りましょう。過去の文では, yesterday (昨日), ～ ago (～前) がよく使われます。

主語	動詞	名詞	
I	play	the recorder	every day.

(私は) (演奏する) (リコーダー) (毎日)
(私は毎日, リコーダーを演奏します。)

主語	動詞の過去形	名詞	
I	played	the recorder	yesterday.

(私は) (演奏した) (リコーダー) (昨日)
(私は昨日, リコーダーを演奏しました。)

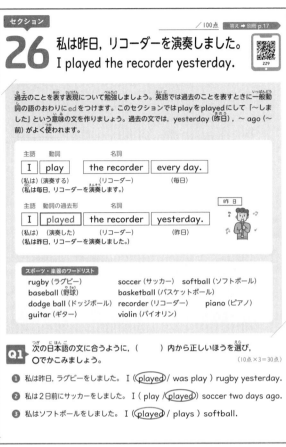

スポーツ・楽器のワードリスト
rugby (ラグビー)　soccer (サッカー)　softball (ソフトボール)
baseball (野球)　basketball (バスケットボール)
dodge ball (ドッジボール)　recorder (リコーダー)　piano (ピアノ)
guitar (ギター)　violin (バイオリン)

Q1 次の日本語の文に合うように, (　) 内から正しいほうを選び, ○でかこみましょう。 (10点×3=30点)

❶ 私は昨日, ラグビーをしました。 I (played / was play) rugby yesterday.

❷ 私は2日前にサッカーをしました。 I (play / played) soccer two days ago.

❸ 私はソフトボールをしました。 I (played / plays) softball.

Q2 次の日本語の文に合うように, (　) 内の語を並べかえ, ____ に書きましょう。 (10点×3=30点)

❶ 私は3週間前に野球をしました。
(I / baseball / played / three weeks ago).
I played baseball three weeks ago .

❷ 私は昨日, バスケットボールをしました。
(yesterday / I / played / basketball).
I played basketball yesterday .

❸ 私は4日前にピアノを演奏しました。
(the / I / four days ago / piano / played).
I played the piano four days ago .

Q3 次の日本語の文を英語の文にかえ, ____ に書きましょう。 (10点×4=40点)

❶ 私は昨日, ギターを演奏しました。
I played the guitar yesterday.

❷ 私は5日前に (five days ago) リコーダーを演奏しました。
I played the recorder five days ago.

❸ 私は昨日, バイオリンを演奏しました。
I played the violin yesterday.

❹ 私は1週間前に (a week ago) ドッジボールをしました。
I played dodge ball a week ago.

セクション 27

彼女は昨日, サッカーをしました。
She played soccer yesterday.

/100点　答え ➡ 別冊 p.17

セクション26ではplayedを使った文を練習しました。そのときには主語にIを使いましたが, 過去のことを表す文では主語がI以外のどのような語でも動詞の形は同じです。現在形の文のI play ～.とHe plays ～.のような動詞の形の違いはありません。

主語	動詞の過去形	名詞	
I	played	soccer	yesterday.

(私は) (した) (サッカー) (昨日)
(私は昨日, サッカーをしました。)

主語	動詞の過去形	名詞	
She	played	soccer	yesterday.

(彼女は) (した) (サッカー) (昨日)
(彼女は昨日, サッカーをしました。)

スポーツ・楽器のワードリスト
soccer (サッカー)　baseball (野球)　basketball (バスケットボール)
recorder (リコーダー)　guitar (ギター)　piano (ピアノ)　drums (ドラム)

時を表すワードリスト
last week (先週)　last month (先月)　last +曜日 (先週の～曜日)

Q1 次の日本語の文に合うように, (　) 内から正しいほうを選び, ○でかこみましょう。 (10点×3=30点)

❶ 私はテニスをしました。 I (played / was played) tennis.

❷ その少女は先週の月曜日にバイオリンを演奏しました。
The girl (plays / played) the violin last Monday.

❸ その生徒たちは先月, ソフトボールをしました。
The students (were played / played) softball last month.

Q2 次の日本語の文に合うように, (　) 内の語を並べかえ, ____ に書きましょう。ただし, 文のはじめにくる語も小文字になっています。 (10点×3=30点)

❶ 私のお父さんは先週, 野球をしました。
(father / my / played / baseball) last week.
My father played baseball last week.

❷ 彼は先週の日曜日にリコーダーを演奏しました。
(the / he / played / recorder) last Sunday.
He played the recorder last Sunday.

❸ 私の妹は先週の土曜日にバスケットボールをしました。
(basketball / sister / my / played) last Saturday.
My sister played basketball last Saturday.

Q3 次の日本語の文を英語の文にかえ, ____ に書きましょう。 (10点×4=40点)

❶ その女性 (the woman) は先週の金曜日に (last Friday) ギターを演奏しました。
The woman played the guitar last Friday.

❷ 彼女は先週の木曜日に (last Thursday) ピアノを演奏しました。
She played the piano last Thursday.

❸ マイク (Mike) は先週, ドラムを演奏しました。
Mike played the drums last week.

❹ 彼は先月, サッカーをしました。
He played soccer last month.

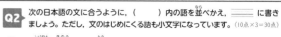

セクション

28 私は昨年, コンサートを楽しみました。
I enjoyed the concert last year.

/100点　答え → 別冊 p.18

playedに続いてさまざまな一般動詞の過去形を使って練習をしていきましょう。enjoy やhelpのように後ろにedをつけるもの以外に, likeやuseのようにeで終わっている動詞はlikedやusedのようにdのみをつけて表します。またstudyはyをiに変えてedをつけ, studiedにします。

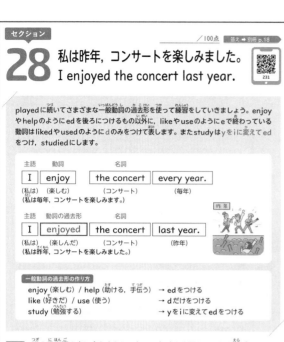

主語	動詞	名詞	
I	enjoy	the concert	every year.
(私は)	(楽しむ)	(コンサート)	(毎年)

(私は毎年, コンサートを楽しみます。)

主語	動詞の過去形	名詞	
I	enjoyed	the concert	last year.
(私は)	(楽しんだ)	(コンサート)	(昨年)

(私は昨年, コンサートを楽しみました。)

一般動詞の過去形の作り方
enjoy (楽しむ) / help (助ける, 手伝う) → edをつける
like (好きだ) / use (使う) → dだけをつける
study (勉強する) → yをiに変えてedをつける

Q1 次の日本語の文に合うように, ( ) 内から正しいほうを選び, ○でかこみましょう。 (10点×3＝30点)

❶ 私たちは修学旅行を楽しみました。
We ((enjoyed) / played) the school trip.

❷ 彼らはそのお笑い芸人が好きでした。
They ((liked) / were liked) the comedian.

❸ 私は昨晩, 社会科を勉強しました。
I (study / (studied)) social studies last night.

Q2 次の日本語の文に合うように, ( ) 内の語を並べかえ, ____ に書きましょう。ただし, 文のはじめにくる語も小文字になっています。 (10点×3＝30点)

❶ その少年は昨日, 彼のお父さんを手伝いました。
(his / the boy / helped / father) yesterday.
The boy helped his father yesterday.

❷ その生徒たちは昨晩, コンサートを楽しみました。
(enjoyed / the students / the concert) last night.
The students enjoyed the concert last night.

❸ その男性は若い女性を助けました。
(a / the man / helped / young woman).
The man helped a young woman .

Q3 次の日本語の文を英語の文にかえ, ____ に書きましょう。 (10点×4＝40点)

❶ 私はその古い映画 (the old movie) が好きでした。
I liked the old movie.

❷ 私の息子 (my son) は先週 (last week), 理科を勉強しました。
My son studied science last week.

❸ その生徒たち (the students) は学園祭 (the school festival) を楽しみました。
The students enjoyed the school festival.

❹ 私たちは昨晩 (last night), そのコンピューター (the computer) を使いました。
We used the computer last night.

セクション

29 私は大きなイヌを飼っていました。
I had a large dog.

/100点　答え → 別冊 p.18

一般動詞を過去形にするとき, playedやlikedのようにedやdをつけるのではなく, 不規則に形が変わるものがあります。have → had, eat → ateのように, 不規則に形が変わる動詞を使って練習しましょう。

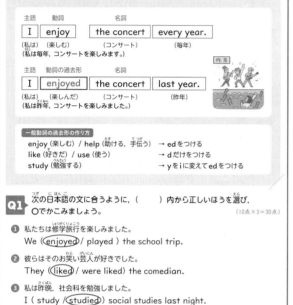

主語	動詞	名詞	
I	have	a large dog.	
(私は)	(飼っている)	(大きなイヌ)	

(私は大きなイヌを飼っています。)

主語	動詞の過去形	名詞	
I	had	a large dog.	
(私は)	(飼っていた)	(大きなイヌ)	

(私は大きなイヌを飼っていました。)

不規則動詞のワードリスト
have (持っている) → had (持っていた)　　take (とる) → took (とった)
go to ～ (～に行く) → went to ～ (～に行った)
see (見る, 会う) → saw (見た, 会った)　　eat (食べる) → ate (食べた)

Q1 次の日本語の文に合うように, ( ) 内から正しいほうを選び, ○でかこみましょう。 (10点×3＝30点)

❶ 私はコンピューターを持っていました。
I ((had) / ate) a computer.

❷ 彼女は今朝, シャワーを浴びました。
She (takes / (took)) a shower this morning.

❸ 私たちは昨年の夏にハワイに行きました。
We ((went) / were go) to Hawaii last summer.

Q2 次の日本語の文に合うように, ( ) 内の語を並べかえ, ____ に書きましょう。ただし, 文のはじめにくる語も小文字になっています。 (10点×3＝30点)

❶ 彼は3日前, 大きな鳥を見ました。
(saw / he / large / bird / a) three days ago.
He saw a large bird three days ago.

❷ 私には親切な友達がいました。 (a / I / had / friend / kind).
I had a kind friend .

❸ 私の兄は昨日, ハンバーガーを食べました。
(brother / my / ate / hamburger / a) yesterday.
My brother ate a hamburger yesterday.

Q3 次の日本語の文を英語の文にかえ, ____ に書きましょう。 (10点×4＝40点)

❶ 彼らは先週 (last week), 沖縄 (Okinawa) に行きました。
They went to Okinawa last week.

❷ 私たちはかわいいハムスター (a cute hamster) を飼っていました。
We had a cute hamster.

❸ 彼は昨晩 (last night), 人気のある歌手 (a popular singer) を見ました。
He saw a popular singer last night.

❹ その男性は数枚の美しい写真 (some beautiful pictures) をとりました。
The man took some beautiful pictures.

18

30

私は先週の月曜日に理科を勉強しませんでした。
I did not study science last Monday.

/100点　答え ➡ 別冊 p.19

233

一般動詞の過去形を使った文を否定文にするときには主語＋did not[didn't]＋動詞のもとの形で表します。did notやdidn'tの後ろでは動詞をもとの形に直すことに注意しましょう。

主語	動詞の過去形	名詞	先週の月曜日
I	studied	science	last Monday.

（私は）（勉強した）（理科）（先週の月曜日に）
（私は先週の月曜日に理科を勉強しました。）

主語	did not ＋動詞のもとの形	名詞	
I	did not[didn't] study	science	last Monday.

（私は）（勉強しなかった）（理科）（先週の月曜日に）
（私は先週の月曜日に理科を勉強しませんでした。）

一般動詞のワードリスト

study (勉強する)	→ studied (勉強した)	like (好きだ)	→ liked (好きだった)
see (見る, 会う)	→ saw (見た, 会った)	have (持っている)	→ had (持っていた)
go to (〜に行く)	→ went to (〜に行った)	eat (食べる)	→ ate (食べた)
watch (見る)	→ watched (見た)		

Q1 次の日本語の文に合うように，（　）内から正しいほうを選び，○でかこみましょう。　(10点×3＝30点)

❶ 私たちはそのチームが好きではありませんでした。
We (~~did not like~~ / not liked) the team.

❷ 私は昨日，友達に会いませんでした。
I (don't see / ~~didn't see~~) my friend yesterday.

❸ 彼らは昨晩，パーティーをしませんでした。
They (~~did not have~~ / were not have) a party last night.

Q2 次の日本語の文に合うように，（　）内の語を並べかえ，＿＿＿に書きましょう。ただし，文のはじめにくる語も小文字になっています。(10点×3＝30点)

❶ リクはその先生が好きではありませんでした。
(the / didn't / Riku / like / teacher).
Riku didn't like the teacher .

❷ その生徒たちは算数を勉強しませんでした。
(study / students / math / the / didn't).
The students didn't study math .

❸ 私の家族は先週，奈良には行きませんでした。
(family / didn't / to Nara / my / go) last week.
My family didn't go to Nara last week.

Q3 次の日本語の文を英語の文にかえ，＿＿＿に書きましょう。(10点×4＝40点)

❶ 彼らは先週の火曜日に (last Tuesday) 理科 (science) を勉強しませんでした。
They did not[didn't] study science last Tuesday.

❷ 彼女は昨日 (yesterday)，何も (anything) 食べませんでした。
She did not[didn't] eat anything yesterday.

❸ その男性はそのサッカーの試合 (the soccer game) を見ませんでした。
The man did not[didn't] watch the soccer game.

❹ 彼らは昨年の夏に (last summer) ハワイ (Hawaii) に行きませんでした。
They did not[didn't] go to Hawaii last summer.

31

あなたはその歌手が好きでしたか。
Did you like the singer?

/100点　答え ➡ 別冊 p.19

234

過去形の一般動詞を使った文を疑問文にするときにはDid＋主語＋動詞のもとの形〜？で表します。三人称単数現在形の否定文のときと同じように動詞をもとの形にもどすことに注意しましょう。

主語	動詞	名詞	
You	liked	the singer.	（あなたはその歌手が好きでした。）

（あなたは）（好きだった）（その歌手）

	主語	動詞のもとの形	名詞
Did	you	like	the singer?

（あなたは）（好き）（その歌手）
（あなたはその歌手が好きでしたか。）

一般動詞のワードリスト

like (好きだ)	→ liked (好きだった)	study (勉強する)	→ studied (勉強した)
eat (食べる)	→ ate (食べた)	go to (〜に行く)	→ went to (〜に行った)
enjoy (楽しむ)	→ enjoyed (楽しんだ)	have (持っている)	→ had (持っていた)
see (見る, 会う)	→ saw (見た, 会った)	clean (そうじする)	→ cleaned (そうじした)

Q1 次の日本語の文に合うように，（　）内から正しいほうを選び，○でかこみましょう。　(10点×3＝30点)

❶ 彼らはその映画が好きでしたか。
(~~Did they like~~ / Do they like) the movie?

❷ その少年は昨晩，算数を勉強しましたか。
(Was the boy study / ~~Did the boy study~~) math last night?

❸ 彼女はフライドポテトを食べましたか。
(~~Did she eat~~ / She did ate) French fries?

Q2 次の日本語の文に合うように，（　）内の語を並べかえ，＿＿＿に書きましょう。ただし，文のはじめにくる語も小文字になっています。(10点×3＝30点)

❶ あなたのお母さんは先月，沖縄へ行きましたか。
(your mother / did / to Okinawa / go) last month?
Did your mother go to Okinawa last month?

❷ あなたたちは昨日，コンサートを楽しみましたか。
(concert / enjoy / did / you / the) yesterday?
Did you enjoy the concert yesterday?

❸ その女性はコンピューターを持っていましたか。
(did / have / woman / the / a computer)?
Did the woman have a computer ?

Q3 次の日本語の文を英語の文にかえ，＿＿＿に書きましょう。(10点×4＝40点)

❶ その男性は昔のクラスメート (his old classmate) に会ったのですか。
Did the man see his old classmate?

❷ 彼女はペット (a pet) を飼っていましたか。
Did she have a pet?

❸ あなたの娘は自分の部屋 (her room) をそうじしましたか。
Did your daughter clean her room?

❹ あなたたちは夏祭り (the summer festival) を楽しみましたか。
Did you enjoy the summer festival?

32 「彼らは~しましたか」に対する答え方
Yes, they did. / No, they did not.

/100点　答え → 別冊 p.20

一般動詞の過去形を使った文を疑問文にするときにはDid＋主語＋動詞のもとの形~？で表すことは学習しましたね。答えるときには、「はい」の場合はYes, 主語＋did.を使います。「いいえ」の場合はNo, 主語＋did not [didn't].を使います。

Did	主語	動詞のもとの形	名詞	
Did	they	clean	the room	yesterday?
（彼らは）	（そうじする）	（その部屋）	（昨日）	

（彼らは昨日、その部屋をそうじしましたか。）

Yes, they did.（はい、しました。）/ No, they did not[didn't].（いいえ、しませんでした。）

一般動詞のワードリスト

clean（そうじする）→ cleaned（そうじした）
have（持っている）→ had（持っていた）
visit（おとずれる）→ visited（おとずれた）
eat（食べる）→ ate（食べた）
go to ~（~に行く）→ went to（~に行った）
like（好きだ）→ liked（好きだった）
see（見る、会う）→ saw（見た、会った）
study（勉強する）→ studied（勉強した）
drink（飲む）→ drank（飲んだ）

Q1 次の日本語の文に合うように、（　）内から正しいほうを選び、○でかこみましょう。（10点×3＝30点）

❶ あなたはそのお笑い芸人が好きでしたか。— はい、好きでした。
Did you like the comedian? — Yes, (you did /(I did)).

❷ 彼らはコンピューターを持っていましたか。— いいえ、持っていませんでした。
Did they have a computer? — No, ((they did not)/ they were not).

❸ あなたたちは昔の友達に会いませんでしたか。— いいえ、会いませんでした。
Did you see your old friends? — No, (he didn't /(we didn't)).

Q2 次の日本語の文に合うように、（　）内の語を並べかえ、＿＿＿ に書きましょう。ただし、文のはじめにくる語も小文字になっています。（10点×3＝30点）

❶ あなたの両親は先月、沖縄をおとずれましたか。— いいえ、おとずれませんでした。
Did your parents visit Okinawa last month? — (, / no / didn't / they).
— __No, they didn't__ .

❷ その生徒たちは昨晩、英語を勉強しましたか。— はい、勉強しました。
Did the students study English last night? — (they / , / did / yes).
— __Yes, they did__ .

❸ 彼女はすしを食べましたか。— いいえ、食べませんでした。
Did she eat sushi? — (she / not / did / , / no).
— __No, she did not__ .

Q3 次の日本語の文を英語の文にかえ、＿＿＿ に書きましょう。（10点×4＝40点）

❶ あなたは昨日、社会科を勉強しましたか。— いいえ、勉強しませんでした。
Did you study social studies yesterday?— __No, I did not[didn't].__

❷ あなたのお母さんはオレンジジュースを飲みましたか。— いいえ、飲みませんでした。
Did your mother drink orange juice?— __No, she did not[didn't].__

❸ その男性は昨年の夏にイタリアに行きましたか。— はい、行きました。
Did the man go to Italy last summer?— __Yes, he did.__

❹ ナンシーはその俳優が好きだったのですか。— いいえ、好きではありませんでした。
Did Nancy like the actor?— __No, she did not[didn't].__

---

33 あなたは昨晩、何を勉強しましたか。
What did you study last night?

/100点　答え → 別冊 p.20

一般動詞の過去形を使った疑問文はDid＋主語＋動詞のもとの形（原形）~？で表すことができました。この疑問文のはじめにWhat「何」という疑問詞をつけると「（主語は）何をしましたか」という意味の文を作ることができます。

主語	動詞の過去形	名詞	
You	studied	English	last night.
（あなたは）	（勉強した）	（英語）	（昨晩）

（あなたは昨晩、英語を勉強しました。）

疑問詞		主語	動詞のもとの形	
What	did	you	study	last night?
（何を）		（あなたは）	（勉強する）	（昨晩）

（あなたは昨晩、何を勉強しましたか。）

一般動詞のワードリスト

study（勉強する）→ studied（勉強した）
do（する）→ did（した）
eat（食べる）→ ate（食べた）
say（言う）→ said（言った）
have（持っている）→ had（持っていた）
drink（飲む）→ drank（飲んだ）
cook（料理する）→ cooked（料理した）

Q1 次の日本語の文に合うように、（　）内から正しいほうを選び、○でかこみましょう。（10点×4＝40点）

❶ 彼女は自分のカバンの中に何を持っていましたか。
What ((did she have)/ was she have) in her bag?

❷ その生徒たちは昨晩、何を勉強しましたか。
What (studied the students /(did the students study)) last night?

❸ あなたは昨日、何をしましたか。
What ((did you do)/ you did) yesterday?

❹ 彼は何を飲みましたか。
What ((did he drink)/ was he drink)?

Q2 次の日本語の文に合うように、（　）内の語を並べかえ、＿＿＿ に書きましょう。ただし、文のはじめにくる語も小文字になっています。（10点×3＝30点）

❶ トムは先週末に何を食べましたか。(Tom / what / eat / did) last weekend?
__What did Tom eat__ last weekend?

❷ あなたのお母さんは昨日、何を料理しましたか。
(what / your / did / mother / cook) yesterday?
__What did your mother cook__ yesterday?

❸ 彼は昨晩、何と言いましたか。
(did / say / what / he) last night?
__What did he say__ last night?

Q3 次の日本語の文を英語の文にかえ、＿＿＿ に書きましょう。（10点×3＝30点）

❶ あなたは手の中に (in your hand) 何を持っていましたか。
__What did you have in your hand?__

❷ その少年は昨日、何を勉強しましたか。
__What did the boy study yesterday?__

❸ あなたの息子たち (your sons) は昨晩 (last night)、何を食べましたか。
__What did your sons eat last night?__

ポイント いろいろな疑問詞

whatの代わりにwhen（いつ）/ where（どこ）/ how（どう、どのように）/ why（なぜ）のような疑問詞を置いて文を作ることもできます。
When did you study?（あなたはいつ勉強しましたか。）

34 私は昨日，いそがしかったです。
I was busy yesterday.

/100点　答え➡別冊 p.21

237

「～です」という意味を表すbe動詞（am / is / are）にも過去形があります。現在のことを表すときにはamやisを使いますが，amやisをwasにすると「～でした」と過去のことを言い表すことができます。then（そのとき），yesterday（昨日）などの過去を表す語がいっしょによく使われます。

主語	be動詞	形容詞	
I	am	busy	today.
（私は）	（～です）	（いそがしい）	（今日）

（私は今日いそがしいです。）

主語	be動詞の過去形	形容詞	
I	was	busy	yesterday.
（私は）	（～でした）	（いそがしい）	（昨日）

（私は昨日，いそがしかったです。）

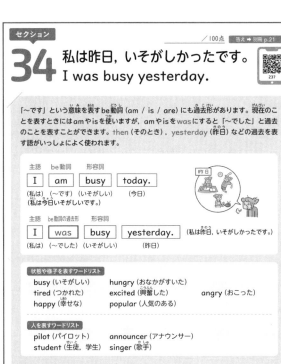

状態や様子を表すワードリスト
busy（いそがしい）　　hungry（おなかがすいた）
tired（つかれた）　　excited（興奮した）　　angry（おこった）
happy（幸せな）　　popular（人気のある）

人を表すワードリスト
pilot（パイロット）　　announcer（アナウンサー）
student（生徒，学生）　　singer（歌手）

Q1 次の日本語の文に合うように，（　　）内から正しいほうを選び，〇でかこみましょう。 （10点×3＝30点）

❶ 私はそのとき，いそがしかったです。 I（was / am）busy then.

❷ 私のお母さんはとてもおなかがすいていました。 My mother（was / is）very hungry.

❸ 彼はそのとき，パイロットでした。 He（is / was）a pilot then.

Q2 次の日本語の文に合うように，（　　）内の語を並べかえ，＿＿＿に書きましょう。ただし，文のはじめにくる語も小文字になっています。 （10点×3＝30点）

❶ 彼女は3か月前アナウンサーでした。
（an / was / she / announcer）three months ago.
She was an announcer three months ago.

❷ その男性はそのときつかれていました。
（tired / the / man / was）then.
The man was tired then.

❸ ナンシーはとても興奮していました。
（very / Nancy / excited / was）.
Nancy was very excited .

Q3 次の日本語の文を英語の文にかえ，＿＿＿に書きましょう。 （10点×4＝40点）

❶ その男性はそのとき，おこっていました。
The man was angry then.

❷ デイビッド（David）はそのとき，幸せでした。
David was happy then.

❸ 彼は2年前（two years ago）生徒でした。
He was a student two years ago.

❹ その女性は人気のある歌手（a popular singer）でした。
The woman was a popular singer.

---

35 あなたはとても親切でした。
You were very kind.

/100点　答え➡別冊 p.21

238

「～です」という意味を表すbe動詞（am / is / are）にも過去形があります。am, isの過去形であるwasを学習しましたが，今回はareの過去形wereを使った英文を練習しましょう。

主語	be動詞		形容詞
You	are	very	kind.
（あなたは）	（～です）	（とても）	（親切な）

（あなたはとても親切です。）

主語	be動詞の過去形		形容詞
You	were	very	kind.
（あなたは）	（～でした）	（とても）	（親切な）

（あなたはとても親切でした。）

状態や様子を表すワードリスト
kind（親切な）　　good（よい）　　happy（幸せな）
excited（興奮した）　　brave（ゆうかんな）　　strict（厳しい）

人を表すワードリスト
player（選手）　　boy（少年）　　brother（兄弟）
teacher（先生）　　parents（両親）　　teammate（チームメート）

Q1 次の日本語の文に合うように，（　　）内から正しいほうを選び，〇でかこみましょう。 （10点×4＝40点）

❶ あなたはそのとき，いそがしかったです。 You（were / are）busy then.

❷ 彼らはよい友達でした。 They（were / was）good friends.

❸ あなたたちはクラスメートでした。 You（was / were）classmates.

❹ 彼の両親はとても幸せでした。 His parents（were / was）very happy.

Q2 次の日本語の文に合うように，（　　）内の語を並べかえ，＿＿＿に書きましょう。ただし，文のはじめにくる語も小文字になっています。 （10点×3＝30点）

❶ その選手たちは興奮していました。（players / the / excited / were）.
The players were excited .

❷ その少年たちは親切でした。（kind / boys / were / the）.
The boys were kind .

❸ 彼らはとてもゆうかんでした。（very / they / were / brave）.
They were very brave .

Q3 次の日本語の文を英語の文にかえ，＿＿＿に書きましょう。 （10点×3＝30点）

❶ 私たちはそのとき先生でした。
We were teachers then.

❷ 彼の両親（his parents）はとても厳しかったです。
His parents were very strict.

❸ 彼らは2年前（two years ago）チームメートでした。
They were teammates two years ago.

ポイント▶ be動詞の種類

	Iか単数名詞が主語	You「あなたは」か複数名詞が主語
現在形	I am ～. He is ～.	You are ～. They are ～.
過去形	I was ～. He was ～.	You were ～. They were ～.

21

36 彼はおなかがすいていませんでした。
He was not hungry.

/100点　答え→別冊 p.22

be動詞の過去形wasとwereを使って「〜ではありませんでした」という意味の否定文を練習しましょう。否定文は現在のことを表すbe動詞のam, is, areと同じようにwasとwereの後ろにnotを置いて表します。またwas notはwasn't, were notはweren'tのように短縮して使うこともできます。

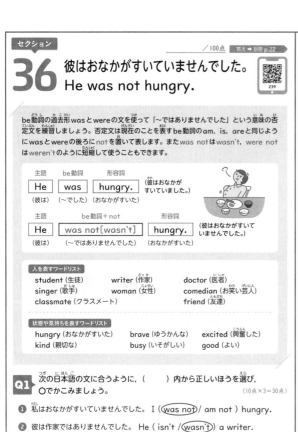

主語	be動詞	形容詞
He	was	hungry.
(彼は)	(〜でした)	(おなかがすいた)

（彼はおなかがすいていました。）

主語	be動詞＋not	形容詞
He	was not[wasn't]	hungry.
(彼は)	(〜ではありませんでした)	(おなかがすいた)

（彼はおなかがすいていませんでした。）

人を表すワードリスト
student (生徒)　　writer (作家)　　doctor (医者)
singer (歌手)　　woman (女性)　　comedian (お笑い芸人)
classmate (クラスメート)　　friend (友達)

状態や気持ちを表すワードリスト
hungry (おなかがすいた)　　brave (ゆうかんな)　　excited (興奮した)
kind (親切な)　　busy (いそがしい)　　good (よい)

Q1 次の日本語の文に合うように、（　）内から正しいほうを選び、〇でかこみましょう。　(10点×3＝30点)

❶ 私はおなかがすいていませんでした。 I (was not / am not) hungry.

❷ 彼は作家ではありませんでした。 He (isn't / wasn't) a writer.

❸ 私たちはそのとき、ゆうかんではありませんでした。
We (were not / was not) brave then.

Q2 次の日本語の文に合うように、（　）内の語を並べかえ、＿＿＿に書きましょう。ただし、文のはじめにくる語も小文字になっています。(10点×3＝30点)

❶ 彼らは昨年、医者ではありませんでした。
(weren't / they / doctors) last year.
They weren't doctors last year.

❷ その男性は興奮していませんでした。
(man / not / the / was / excited).
The man was not excited .

❸ 彼女はそのとき、歌手ではありませんでした。
(wasn't / she / singer / then / a).
She wasn't a singer then .

Q3 次の日本語の文を英語の文にかえ、＿＿＿に書きましょう。(10点×4＝40点)

❶ その女性はそのとき (then)、お笑い芸人ではありませんでした。
The woman was not[wasn't] a comedian then.

❷ デイビッドとテッド (David and Ted) はいそがしくありませんでした。
David and Ted were not[weren't] busy.

❸ 私たちはクラスメートではありませんでした。
We were not[weren't] classmates.

❹ 彼らは友達ではありませんでした。
They were not[weren't] friends.

---

37 あなたは昨日、おこっていましたか。
Were you angry yesterday?

/100点　答え→別冊 p.22

be動詞の過去形wasとwereを使って、「〜でしたか」という意味の疑問文を練習しましょう。現在のことを表すbe動詞のam, is, areと同じように、wasとwereを文のはじめに置いて表します。文のおわりに？(クエスチョンマーク) を置くことも忘れないようにしましょう。

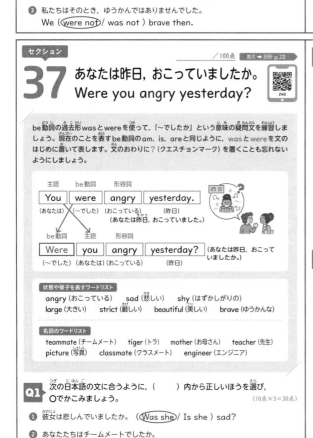

主語	be動詞	形容詞	
You	were	angry	yesterday.
(あなたは)	(〜でした)	(おこっている)	(昨日)

（あなたは昨日、おこっていました。）

be動詞	主語	形容詞	
Were	you	angry	yesterday?
(〜でした)	(あなたは)	(おこっている)	(昨日)

（あなたは昨日、おこっていましたか。）

状態や様子を表すワードリスト
angry (おこっている)　　sad (悲しい)　　shy (はずかしがりの)
large (大きい)　　strict (厳しい)　　beautiful (美しい)　　brave (ゆうかんな)

名詞のワードリスト
teammate (チームメート)　　tiger (トラ)　　mother (お母さん)　　teacher (先生)
picture (写真)　　classmate (クラスメート)　　engineer (エンジニア)

Q1 次の日本語の文に合うように、（　）内から正しいほうを選び、〇でかこみましょう。　(10点×3＝30点)

❶ 彼女は悲しんでいましたか。 (Was she / Is she) sad?

❷ あなたたちはチームメートでしたか。
(Were you / Did you) teammates?

❸ ボブははずかしがりでしたか。 (Was Bob / Were Bob) shy?

Q2 次の日本語の文に合うように、（　）内の語を並べかえ、＿＿＿に書きましょう。ただし、文のはじめにくる語も小文字になっています。(10点×3＝30点)

❶ そのトラは大きかったですか。
(the / tigers / large / were)?
Were the tigers large ?

❷ 彼のお母さんはそのとき、おこっていましたか。
(angry / his / mother / was) then?
Was his mother angry then?

❸ あなたの先生は厳しかったですか。
(your / teacher / was / strict)?
Was your teacher strict ?

Q3 次の日本語の文を英語の文にかえ、＿＿＿に書きましょう。(10点×4＝40点)

❶ その写真は美しかったですか。
Was the picture beautiful?

❷ あなたたちは昨年 (last year)、クラスメートでしたか。
Were you classmates last year?

❸ トム (Tom) はエンジニアでしたか。
Was Tom an engineer?

❹ 彼らはそのとき (then)、ゆうかん (brave) でしたか。
Were they brave then?

セクション

38 「あなたは〜でしたか」に対する答え方
Yes, I was. / No, I was not[wasn't].

／100点　答え➡別冊 p.23

be動詞の過去形wasとwereの文を使った「〜でしたか」という意味の疑問文に対する答え方を練習しましょう。「はい」と答えるときには、Yes, 主語＋was[were].，「いいえ」と答えるときには、No, 主語＋was not[wasn't]. / No, 主語＋were not[weren't].，と表します。

Were you tired yesterday?
（あなたは昨日つかれていましたか。）
　　主語　be動詞の過去形

Yes, I was. （はい、つかれていました。）

　　主語　　be動詞の過去形＋not

No, I was not[wasn't]. （いいえ、つかれていませんでした。）

状態や様子を表すワードリスト
tired（つかれた）　　brave（ゆうかんな）　angry（おこっている）
large（大きい）　　　good（よい）　　　　thirsty（のどがかわいた）

人や動物を表すワードリスト
father（お父さん）　　brother（兄弟）　　doctor（医者）　　bird（鳥）
friend（友達）　　　　woman（女性）　　nurse（看護師）

Q1 次の日本語の文に合うように、（　）内から正しいほうを選び、〇でかこみましょう。 （10点×4＝40点）

❶ 彼はいそがしかったのですか。— はい、いそがしかったです。
（Was he / Is he) busy? — Yes, (he is /(he was)).

❷ あなたたちはクラスメートでしたか。— いいえ、ちがいます。
（(Were you)/ Did you) classmates? — No, ((we were not)/ we did not).

❸ ナンシーは親切でしたか。— いいえ、親切ではありませんでした。
（(Was Nancy)/ Were Nancy) kind? — No, ((she wasn't)/ she weren't).

❹ 彼はのどがかわいていたのですか。— はい、かわいていました。
Was he thirsty? — Yes, ((he was)/ he were).

Q2 次の日本語の文に合うように、（　）内の語を並べかえ、＿＿に書きましょう。ただし、文のはじめにくる語も小文字になっています。 （10点×3＝30点）

❶ あなたの兄弟は医者でしたか。
(your / doctors / were / brothers)?
Were your brothers doctors ?

❷ あなたのお父さんはおこっていましたか。— いいえ、おこっていませんでした。
Was your father angry? — (, / no / wasn't / he).
— No, he wasn't .

❸ 彼らはゆうかんでしたか。— はい、ゆうかんでした。
(they / were / brave)? — (yes / were / , / they).
Were they brave ? — Yes, they were .

Q3 次の日本語の文を英語の文にかえ、＿＿に書きましょう。 （10点×3＝30点）

❶ その鳥 (the birds) は大きかったですか。
Were the birds large[big]?

❷ あなたとユカ (you and Yuka) はそのとき、よい友達でしたか。
Were you and Yuka good friends then?

❸ その女性は看護師でしたか。— いいえ、看護師ではありませんでした。
Was the woman a nurse? — No, she was not[wasn't].

確認テスト4

出題はんい 26〜38　答え➡別冊 p.23　／100点

Q1 次の（　）内に入る語句を選び、記号で答えましょう。 （3点×3＝9点）

(1) 私は昨日、野球をしました。
I (イ) baseball yesterday.
ア play　イ played　ウ is play

(2) 私は昨晩、何も食べませんでした。
I (ウ) anything last night.
ア was not eat　イ don't eat　ウ didn't eat

(3) あなたたちは昨日、英語を勉強しましたか。— いいえ、しませんでした。
Did you study English yesterday? — No, we (ウ).
ア weren't　イ don't　ウ didn't

Q2 次の（　）内に入る語句を選び、記号で答えましょう。 （3点×3＝9点）

(1) あなたはどこで英語を勉強しましたか。
Where (ア) study English?
ア did you　イ were you　ウ you did

(2) あなたは今朝、何時に起きましたか。
What time (ウ) this morning?
ア you got up　イ were you get up　ウ did you get up

(3) 夏祭りはいつでしたか。
When (イ) the summer festival?
ア did you　イ was　ウ were

Q3 次の日本語の文に合うように、（　）内の語を並べかえ、＿＿に書きましょう。ただし、文のはじめにくる語も小文字になっています。 （10点×3＝30点）

(1) 彼らは大きいイヌを飼っていました。
(a large dog / had / they).
They had a large dog .

(2) 彼は先月、何を楽しみましたか。
(last month / he / what / enjoy / did)?
What did he enjoy last month ?

(3) その生徒たちは野球をしましたか。
(the students / baseball / did / play)?
Did the students play baseball ?

Q4 次の日本語の文を英語の文にかえ、＿＿に書きましょう。 （13点×4＝52点）

(1) 私は昨日、ひま (free) ではありませんでした。
I was not[wasn't] free yesterday.

(2) 彼らは昨日、ピザ (a pizza) を食べました。
They ate[had] a pizza yesterday.

(3) 私たちは先週 (last week) 大阪に (to Osaka) 行きました。
We went to Osaka last week.

(4) あなたは昨日、何を勉強しましたか。
What did you study yesterday?

23

39

私は今，その部屋をそうじしているところです。
I am cleaning the room now.

/100点　答え ➡ 別冊 p.24

「（今）〜しているところです」という表現について勉強しましょう。たった今取り組んでいることを伝えるときにはbe動詞（am, is, are）＋動詞の-ing形を使います。be動詞は主語によって使い分けましょう。また動詞の-ing形はclean（そうじする）→cleaning, read（読む）→readingのように語のおわりに-ingをつけ足します。

主語	動詞	名詞	
I	clean	the room	every week.

（私は）（そうじする）　（その部屋）　（毎週）
（私は毎週，その部屋をそうじします。）

主語	be動詞＋動詞の-ing形	名詞	
I	am cleaning	the room	now.

（私は）（そうじしているところです）（その部屋）（今）
（私は今，その部屋をそうじしているところです。）

一般動詞のワードリスト

clean（そうじする）　read（読む）　do（する）　wash（洗う）
eat（食べる）　study（勉強する）　drink（飲む）
play（（楽器を）演奏する）　cook（料理する）　watch（見る）

Q1 次の日本語の文に合うように，（　）内から正しいほうを選び，〇でかこみましょう。　(10点×3＝30点)

❶ 私たちは今，教室をそうじしているところです。
We (are cleaning / cleaning) the classroom now.

❷ 彼女は今，小説を読んでいるところです。
She (reading / is reading) a novel now.

❸ 私は今，宿題をしているところです。
(I'm doing / I doing) my homework now.

Q2 次の日本語の文に合うように，（　）内の語を並べかえ，＿＿＿＿ に書きましょう。ただし，文のはじめにくる語も小文字になっています。(10点×3＝30点)

❶ 彼女は今，皿を洗っているところです。
(is / she / washing / dishes / the) now.
She is washing the dishes now.

❷ その女性は今，マンゴーを食べているところです。
(eating / woman / is / the / a mango) now.
The woman is eating a mango now.

❸ 私の兄は今，算数を勉強しているところです。
(studying / is / brother / math / my) now.
My brother is studying math now.

Q3 次の日本語の文を英語の文にかえ，＿＿＿＿ に書きましょう。(10点×4＝40点)

❶ その赤ちゃん (the baby) は今，ミルク (milk) を飲んでいるところです。
The baby is drinking milk now.

❷ 彼は今，ピアノ (the piano) を演奏しているところです。
He is[He's] playing the piano now.

❸ 彼らは今，魚 (fish) を料理しているところです。
They are[They're] cooking fish now.

❹ 私は今，その野球の試合 (the baseball game) を見ているところです。
I am[I'm] watching the baseball game now.

40

彼は今，写真をとっているところです。
He is taking a picture now.

/100点　答え ➡ 別冊 p.24

be動詞（am, is, are）＋動詞の-ing形で「〜しているところです」という意味を表すことは学習しましたね。ここでは動詞の-ingのつけ方が不規則な動詞を使って練習しましょう。take（とる）のようにeで終わる動詞はeをとってingをつけて，takingとします。sit（すわる）は最後の文字をもう1つ重ねてsittingとします。同じような動詞はほかにrun（走る）→running，swim（泳ぐ）→swimmingなどがあります。

主語	動詞	名詞	
He	takes	a picture.	（彼は写真をとります。）

（彼は）（とる）（写真）

主語	be動詞＋動詞の-ing形	名詞	
He	is taking	a picture	now.

（彼は）（とっているところです）（写真）（今）
（彼は今，写真をとっているところです。）

一般動詞のワードリスト

take（とる），make（作る），write（書く），use（使う）→ eをとってing
run（走る），swim（泳ぐ），sit（すわる）→ 最後の文字をもう1つ重ねてing

Q1 次の日本語の文に合うように，（　）内から正しいほうを選び，〇でかこみましょう。　(10点×4＝40点)

❶ その男性は走っているところです。The man (is running / running).

❷ 私は今，アップルパイを作っているところです。
I (am making / is making) an apple pie now.

❸ その小さな子どもはイスにすわっているところです。
The little kid (is sitting / sitting) on the chair.

❹ 私のお母さんは今，手紙を書いているところです。
My mother (is write / is writing) a letter now.

Q2 次の日本語の文に合うように，（　）内の語を並べかえ，＿＿＿＿ に書きましょう。ただし，文のはじめにくる語も小文字になっています。(10点×3＝30点)

❶ その女性はプールで泳いでいるところです。
(woman / is / swimming / the) in the pool.
The woman is swimming in the pool.

❷ 彼らは今，しばふにすわっているところです。
(they / sitting / are) on the grass now.
They are sitting on the grass now.

❸ ミキは今，コンピューターを使っているところです。
(using / Miki / is / computer / a) now.
Miki is using a computer now.

Q3 次の日本語の文を英語の文にかえ，＿＿＿＿ に書きましょう。(10点×3＝30点)

❶ 彼女は今，グラウンドを (in the playground) 走っているところです。
She is running in the playground now.

❷ 私の友達 (my friends) は今，ケーキ (a cake) を作っているところです。
My friends are making a cake now.

❸ 私のお父さんは今，写真をとっている (take a picture) ところです。(takeの形を変えましょう)
My father is taking a picture now.

ポイント▶ ingをつけるときの特別な例

eをとってingをつける	take → taking / dance → dancing など
最後の文字を重ねてingをつける	sit → sitting / swim → swimming など

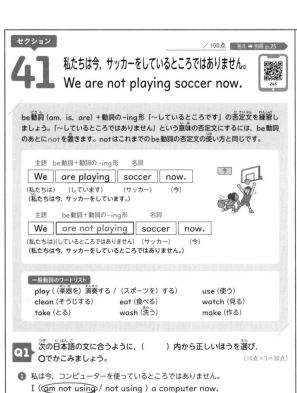

セクション 41

私たちは今, サッカーをしているところではありません。
We are not playing soccer now.

/100点　答え → 別冊 p.25　245

be動詞 (am, is, are) +動詞の-ing形「～しているところです」の否定文を練習しましょう。「～しているところではありません」という意味の否定文にするには, be動詞のあとにnotを置きます。notはこれまでのbe動詞の否定文の使い方と同じです。

主語	be動詞+動詞の-ing形	名詞	
We	are playing	soccer	now.

（私たちは）　（しています）　（サッカー）　（今）
（私たちは今, サッカーをしています。）

主語	be動詞+動詞の-ing形	名詞	
We	are not playing	soccer	now.

（私たちは）（しているところではありません）（サッカー）　（今）
（私たちは今, サッカーをしているところではありません。）

一般動詞のワードリスト
play（(楽器を) 演奏する /（スポーツを）する）　use（使う）
clean（そうじする）　eat（食べる）　watch（見る）
take（とる）　wash（洗う）　make（作る）

Q1 次の日本語の文に合うように, （　）内から正しいほうを選び, ○でかこみましょう。 (10点×3＝30点)

① 私は今, コンピューターを使っているところではありません。
I (am not using / not using) a computer now.

② 彼は今, お風呂をそうじしているところではありません。
He (not is cleaning / is not cleaning) the bathroom now.

③ 私のお父さんは今, バイオリンを演奏しているところではありません。
My father (isn't playing / doesn't playing) the violin now.

Q2 次の日本語の文に合うように, （　）内の語を並べかえ, ＿＿に書きましょう。ただし, 文のはじめにくる語も小文字になっています。(10点×3＝30点)

① 彼らは今, フライドチキンを食べているところではありません。
(are / they / not / fried chicken / eating) now.
They are not eating fried chicken now.

② 彼女は今, テレビでその試合を見ているところではありません。
(not / is / watching / she / the game) on TV now.
She is not watching the game on TV now.

③ 私の兄は今, ギターを演奏しているところではありません。
(brother / isn't / playing / the guitar / my) now.
My brother isn't playing the guitar now.

Q3 次の日本語の文を英語の文にかえ, ＿＿に書きましょう。(10点×4＝40点)

① 私たちは今, テニス (tennis) をしているところではありません。
We are not[aren't] playing tennis now.

② トム (Tom) は今, 彼の車 (his car) を洗っているところではありません。
Tom is not[isn't] washing his car now.

③ 彼らは今, サラダ (a salad) を作っているところではありません。
They are not[aren't] making a salad now.

④ 彼女は今, 写真をとっている (take a picture) ところではありません。(takeの形を変えましょう)
She is not[isn't] taking a picture now.

セクション 42

彼女は今, 小説を読んでいるところですか。
Is she reading a novel now?

/100点　答え → 別冊 p.25　246

be動詞 (am, is, are) +動詞の-ing形「～しているところです」の疑問文を練習しましょう。「～しているところですか」という意味の疑問文にするには, be動詞を文のはじめに置き, 文のおわりに? (クエスチョンマーク) を置きましょう。「はい」と答えるときにはYes, 主語+be動詞., 「いいえ」と答えるときにはNo, 主語+be動詞+not.を使いましょう。これまでのbe動詞の疑問文の答え方と同じです。

主語	be動詞+動詞の-ing形	名詞	
She	is reading	a novel	now.

（彼女は）（読んでいるところです）（小説）（今）
（彼女は今, 小説を読んでいるところです。）

be動詞	主語	動詞の-ing形	名詞	
Is	she	reading	a novel	now?

（彼女は）（読んでいるところですか）（小説）（今）
（彼女は今, 小説を読んでいるところですか。）

Yes, she is. (はい, そうです。)　No, she is not[isn't]. (いいえ, ちがいます。)

一般動詞のワードリスト
read（読む）　play（(楽器を) 演奏する /（スポーツを）する）　do（する）
make（作る）　run（走る）　watch（見る）　take（とる）
wash（洗う）　clean（そうじする）　drink（飲む）

Q1 次の日本語の文に合うように, （　）内から正しいほうを選び, ○でかこみましょう。 (10点×4＝40点)

① 彼は今, ピアノを演奏しているところですか。— はい, そうです。
(Is he playing / Is he play) the piano now? — Yes, (he is / he does).

② あなたのお姉さんは今, 小説を読んでいるところですか。
(Is your sister reading / Does your sister reading) a novel now?

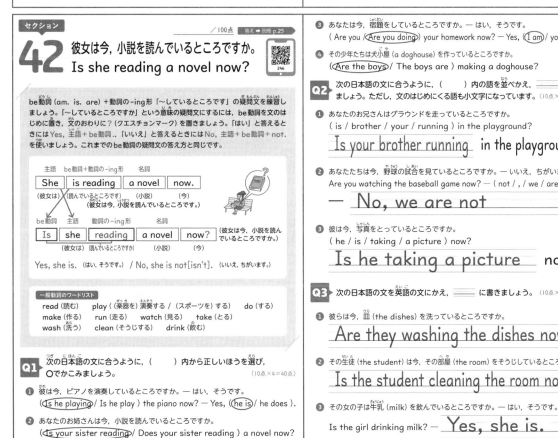

③ あなたは今, 宿題をしているところですか。— はい, そうです。
(Are you / Are you doing) your homework now? — Yes, (I am / you are).

④ その少年たちは犬小屋 (a doghouse) を作っているところですか。
(Are the boys / The boys are) making a doghouse?

Q2 次の日本語の文に合うように, （　）内の語を並べかえ, ＿＿に書きましょう。ただし, 文のはじめにくる語も小文字になっています。(10点×3＝30点)

① あなたのお兄さんはグラウンドを走っているところですか。
(is / brother / your / running) in the playground?
Is your brother running in the playground?

② あなたたちは今, 野球の試合を見ているところですか。— いいえ, ちがいます。
Are you watching the baseball game now? — (not / , / we / are / no).
— **No, we are not** .

③ 彼は今, 写真をとっているところですか。
(he / is / taking / a picture) now?
Is he taking a picture now?

Q3 次の日本語の文を英語の文にかえ, ＿＿に書きましょう。(10点×3＝30点)

① 彼らは今, 皿 (the dishes) を洗っているところですか。
Are they washing the dishes now?

② その生徒 (the student) は今, その部屋 (the room) をそうじしているところですか。
Is the student cleaning the room now?

③ その女の子は牛乳 (milk) を飲んでいるところですか。— はい, そうです。
Is the girl drinking milk? — **Yes, she is.**

25

43 私はそのとき, ピアノを演奏しているところでした。
I was playing the piano then.

/100点　答え ➡ 別冊 p.26

be動詞 (am, is, are) +動詞の-ing形は「〜しているところです」という意味を表すことは学習しましたね。ここでは「〜しているところでした」という過去のある時点で行われていた事柄について表現する方法を練習しましょう。「〜しているところでした」というときには, be動詞の過去形 (was, were) +動詞の-ing形を使いましょう。be動詞のam, isをwas, areをwereにすることがポイントです。「そのとき」という意味のthen, at that timeがいっしょによく使われます。

主語	be動詞+動詞の-ing形	名詞	
I	am playing	the piano	now.

（私は）（演奏しているところです）（ピアノ）（今）

（私は今, ピアノを演奏しているところです。）

主語	be動詞の過去形+動詞の-ing形	名詞	
I	was playing	the piano	then.

（私は）（演奏しているところでした）（ピアノ）（そのとき）

（私はそのとき, ピアノを演奏しているところでした。）

一般動詞のワードリスト
play（(楽器を) 演奏する /（スポーツを) する）　write（書く）　eat（食べる）
ride（乗る）　skate（スケートをする）　take（とる）　do（する）
clean（そうじする）　watch（見る）　swim（泳ぐ）

Q1 次の日本語の文に合うように,（　）内から正しいほうを選び, ○でかこみましょう。 (10点×3＝30点)

❶ 私はそのとき, 手紙を書いているところでした。
I ((was writing)/ am writing) a letter then.

❷ その子どもはそのとき, マンゴーを食べているところでした。
The child (was eat / (was eating)) a mango at that time.

❸ 彼はそのとき, 一輪車に乗っているところでした。
He ((was riding)/ is riding) a unicycle at that time.

Q2 次の日本語の文に合うように,（　）内の語を並べかえ, ＿＿ に書きましょう。ただし, 文のはじめにくる語も小文字になっています。 (10点×3＝30点)

❶ 私は, ピアノを演奏しているところでした。(was / the piano / playing / I).
I was playing the piano .

❷ 彼らはスケートをしているところでした。(were / they / skating).
They were skating .

❸ その少年はそのとき, 彼の自転車に乗っているところでした。
(was / the / boy / riding / bike / his) then.
The boy was riding his bike then.

Q3 次の日本語の文を英語の文にかえ, ＿＿ に書きましょう。 (10点×4＝40点)

❶ 私はそのとき (at that time), 宿題をしている (do my homework) ところでした。(doの形を変えましょう)
I was doing my homework at that time.

❷ 私のお父さんはそのとき (then), 写真をとっているところでした。
My father was taking a picture then.

❸ 私たちはそのとき (then), 野球の試合 (the baseball game) を見ているところでした。
We were watching the baseball game then.

❹ マイクとケン (Mike and Ken) はそのとき (then), プールで (in the pool) 泳いでいるところでした。
Mike and Ken were swimming in the pool then.

---

44 私たちは教室をそうじしているところではありませんでした。
We were not cleaning the classroom.

/100点　答え ➡ 別冊 p.26

be動詞の過去形 (was, were) +動詞の-ing形「〜しているところでした」を練習しましょう。「〜しているところではありませんでした」という意味の否定文にするにはbe動詞 (was / were) のうしろにnotを置きます。notはこれまでのbe動詞の否定文の使い方と同じです。

主語	be動詞+動詞の-ing形	名詞	
We	were cleaning	the classroom	then.

（私たちは）（そうじしているところでした）（教室）（そのとき）
（私たちはそのとき, 教室をそうじしているところでした。）

主語	be動詞＋not+動詞の-ing形	名詞	
We	were not cleaning	the classroom	then.

（私たちは）（そうじしているところではありませんでした）（教室）（そのとき）
（私たちはそのとき, 教室をそうじしているところではありませんでした。）

一般動詞のワードリスト
clean（そうじする）　use（使う）　run（走る）　swim（泳ぐ）
watch（見る）　write（書く）　wash（洗う）　ride（乗る）
take（とる）　play（(楽器を) 演奏する /（スポーツを) する）

Q1 次の日本語の文に合うように,（　）内から正しいほうを選び, ○でかこみましょう。 (10点×3＝30点)

❶ 私はそのとき, スマートフォンを使っているところではありませんでした。
I ((was not using)/ was not use) a smartphone at that time.

❷ 彼はそのとき, この競技場で走っているところではありませんでした。
He (not was running / (wasn't running)) in this field at that time.

❸ 彼らはそのとき, 湖で泳いでいるところではありませんでした。
They ((were not swimming)/ not swimming) in the lake then.

Q2 次の日本語の文に合うように,（　）内の語を並べかえ, ＿＿ に書きましょう。ただし, 文のはじめにくる語も小文字になっています。 (10点×3＝30点)

❶ 私たちはそのとき, 野球の試合を見ているところではありませんでした。
(weren't / we / watching / the baseball game) then.
We weren't watching the baseball game then.

❷ あなたはそのとき, 教室をそうじしているところではありませんでした。
(cleaning / weren't / the classroom / you) at that time.
You weren't cleaning the classroom at that time.

❸ 私の兄はそのとき, 手紙を書いているところではありませんでした。
(a letter / brother / was / writing / my / not) then.
My brother was not writing a letter then.

Q3 次の日本語の文を英語の文にかえ, ＿＿ に書きましょう。 (10点×4＝40点)

❶ 彼女はそのとき (then), 彼女の自転車 (her bike) を洗っているところではありませんでした。
She was not[wasn't] washing her bike then.

❷ 私の息子 (my son) は一輪車 (a unicycle) に乗っているところではありませんでした。
My son was not[wasn't] riding a unicycle.

❸ マイク (Mike) は写真をとっているところではありませんでした。
Mike was not[wasn't] taking a picture.

❹ トムと私はギター (the guitar) を演奏しているところではありませんでした。
Tom and I were not[weren't] playing the guitar.

セクション 45

あなたはプールで泳いでいるところでしたか。
Were you swimming in the pool?

/100点　答え ➡ 別冊 p.27

be動詞の過去形 (was / were) ＋動詞の-ing形「～しているところでした」の疑問文を練習しましょう。be動詞 (was, were) を主語の前に出して文のはじめに置きます。答えるときには，「はい」であれば，Yes, 主語＋was[were].，「いいえ」であれば No, 主語＋was[were] not.のように答えます。

主語	be動詞の過去形＋動詞の-ing形	
You	were swimming	in the pool.

（あなたは）（泳いでいるところでした）（プールで）
（あなたはプールで泳いでいるところでした。）

be動詞の過去形	主語	動詞の-ing形	
Were	you	swimming	in the pool?

（あなたは）（泳いでいるところでしたか）（プールで）
（あなたはプールで泳いでいるところでしたか。）

Yes, I was. (はい, そうでした。) / No, I was not[wasn't]. (いいえ, そうではありませんでした。)

一般動詞のワードリスト
sing (歌う)　　read (読む)　　watch (見る)　　write (書く)
swim (泳ぐ)　　play ((楽器を) 演奏する / (スポーツを) する)
clean (そうじする)　　skate (スケートをする)　　run (走る)

Q1 次の日本語の文に合うように，（　　　）内から正しいほうを選び，○でかこみましょう。 (10点×4＝40点)

❶ 人々はそのとき，英語を話しているところでしたか。
(（Were people）/ People were) speaking English at that time?

❷ あなたたちはそのとき，人気のある歌を歌っているところでしたか。
(（Were you singing）/ You were singing) a popular song then?

❸ その女の子はそのとき, おもしろい小説を読んでいるところでした。— いいえ, 読んでいるところではありませんでした。
Was the girl reading an interesting novel then? — No, (she isn't /（she wasn't）).

❹ あなたのお父さんはそのとき, 野球の試合を見ているところでしたか。— はい, そうでした。
Was your father watching the baseball game then? — Yes, （he was）/ was he).

Q2 次の日本語の文に合うように，（　　　）内の語を並べかえ，＿＿＿ に書きましょう。ただし，文のはじめにくる語も小文字になっています。 (10点×3＝30点)

❶ その男性はそのとき, 手紙を書いているところでしたか。
(writing / the man / a letter / was) at that time?
<u>Was the man writing a letter</u> at that time?

❷ その子どもたちはそのとき, 川で泳いでいるところでしたか。— はい, そうでした。
Were the kids swimming in the river then? — (were / yes /, / they).
— <u>Yes, they were</u> .

❸ その生徒たちはそのとき, リコーダーを演奏しているところでしたか。
(playing / the recorder / were / the students) at that time?
<u>Were the students playing the recorder</u> at that time?

Q3 次の日本語の文を英語の文にかえ，＿＿＿ に書きましょう。 (10点×3＝30点)

❶ その少年たち (the boys) はそのとき, スケートをしているところでしたか。
<u>Were the boys skating then[at that time]?</u>

❷ あなたはそのとき, 台所 (the kitchen) をそうじしているところでしたか。
<u>Were you cleaning the kitchen then[at that time]?</u>

❸ 彼はそのとき, 走っているところでしたか。
<u>Was he running then[at that time]?</u>

セクション 46

私は来年，12歳になります。
I will be 12 years old next year.

/100点　答え ➡ 別冊 p.27

willは「～するつもりです，～するでしょう，～します」という未来のことについて述べるときに使う表現です。このwillは主語＋will＋動詞のもとの形 ～．という語順で使います。ここでは「動詞のもとの形」の部分にbe動詞を入れて練習をしましょう。be動詞はam，is，are，was，wereの5種類がありますが「もとの形」はbeです。

主語	will	be		
I	will	be	back	soon.

（私は）（～するつもりだ）（～になる）（もどった）（すぐに）
（私はすぐにもどるつもりです。）

主語	will	be	～歳	
I	will	be	12 years old	next year.

（私は）（～する）（～になる）（12歳）（来年）
（私は来年，12歳になります。）

天気などを表すワードリスト
stormy (嵐の)　　windy (風が強い)　　rainy (雨の)
sunny (晴れの)　　busy (いそがしい)　　back (もどった)

名詞のワードリスト
lawyer (弁護士)　　junior high school student (中学生)

Q1 次の日本語の文に合うように，（　　　）内から正しいほうを選び，○でかこみましょう。 (10点×4＝40点)

❶ 彼は来年11歳になります。 He (（will be）/ is) 11 years old next year.

❷ 今晩は嵐になるでしょう。 It (（will be）/ will is) stormy tonight.

❸ 明日は風が強くなるでしょう。 It (will is /（will be）) windy tomorrow.

❹ 彼らは来年, 中学生になります。
They (（will be）/ will are) junior high school students next year.

Q2 次の日本語の文に合うように，（　　　）内の語を並べかえ，＿＿＿ に書きましょう。ただし，文のはじめにくる語も小文字になっています。 (10点×3＝30点)

❶ 彼女は明日いそがしくなるでしょう。(will / she / busy / tomorrow / be).
<u>She will be busy tomorrow</u> .

❷ 私のお父さんは来月, 50歳になります。
(will / 50 years old / be / next month / my father).
<u>My father will be 50 years old next month</u> .

❸ 明日は雨になるでしょう。(it / be / will / rainy / tomorrow).
<u>It will be rainy tomorrow</u> .

Q3 次の日本語の文を英語の文にかえ，＿＿＿ に書きましょう。 (10点×3＝30点)

❶ 明日 (tomorrow) は晴れる (sunny) でしょう。
<u>It will be sunny tomorrow.</u>

❷ 私の息子 (my son) は将来 (in the future), 弁護士になるでしょう。
<u>My son will be a lawyer in the future.</u>

❸ 私は家にもどる (be back home) つもりです。
<u>I will be back home.</u>

ポイント▶ 天気の文の it

itは「それは」という意味ですが, It will be stormy tonight.「今晩は, 嵐になるだろう」のように「天気」を表す文では主語にitを使います。

27

セクション 47 私は来週，友達に会うつもりです。
I will meet my friend next week.

/100点　答え ➡ 別冊 p.28

willは「〜するでしょう，〜するつもりです」という意味で主語＋will＋動詞のもとの形 〜．という語順で使います。ここでは「動詞のもとの形」の部分に一般動詞を入れて練習をしましょう。

主語	動詞のもとの形		名詞	
I	will	meet	my friend	next week.
(私は)	(〜するつもりだ)	(会う)	(私の友達)	(来週)

(私は来週，友達に会うつもりです。)

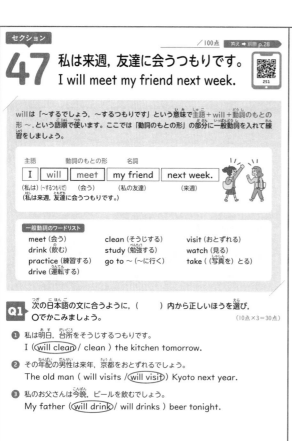

一般動詞のワードリスト

meet (会う)　　clean (そうじする)　　visit (おとずれる)
drink (飲む)　　study (勉強する)　　watch (見る)
practice (練習する)　go to 〜 (〜に行く)　take (写真を) とる)
drive (運転する)

Q1 次の日本語の文に合うように，(　　) 内から正しいほうを選び，〇でかこみましょう。(10点×3=30点)

❶ 私は明日，台所をそうじするつもりです。
I (will clean / clean) the kitchen tomorrow.

❷ その年配の男性は来年，京都をおとずれるでしょう。
The old man (will visits / will visit) Kyoto next year.

❸ 私のお父さんは今晩，ビールを飲むでしょう。
My father (will drink / will drinks) beer tonight.

Q2 次の日本語の文に合うように，(　　) 内の語を並べかえ，＿＿＿ に書きましょう。ただし，文のはじめにくる語も小文字になっています。(10点×3=30点)

❶ その生徒たちは明日，算数を勉強するでしょう。
(math / students / the / will / study) tomorrow.
The students will study math tomorrow.

❷ トムは今晩，その試合を見るでしょう。
(the / will / Tom / watch / game) tonight.
Tom will watch the game tonight.

❸ 彼らは明日，サッカーを練習するでしょう。
(soccer / they / will / practice) tomorrow.
They will practice soccer tomorrow.

Q3 次の日本語の文を英語の文にかえ，＿＿＿ に書きましょう。(10点×4=40点)

❶ 私は来月 (next month)，ニューヨーク (New York) に行くつもりです。
I will go to New York next month.

❷ 彼女は明日 (tomorrow)，チカ (Chika) に会うでしょう。
She will meet Chika tomorrow.

❸ 私たちは富士山の写真を数枚 (some pictures of Mt. Fuji) とるつもりです。
We will take some pictures of Mt. Fuji.

❹ 彼は新しい車 (a new car) を運転するでしょう。
He will drive a new car.

セクション 48 彼は明日，大阪をおとずれないでしょう。
He will not visit Osaka tomorrow.

/100点　答え ➡ 別冊 p.28

willは「〜するでしょう，〜するつもりです」という意味で，主語＋will＋動詞のもとの形 〜．で表しますが「〜しないでしょう」「〜するつもりはありません」という否定文にするには，will の後ろにnotを置きます。will notはwon'tのように短縮することもできます。

主語	動詞のもとの形		名詞	
He	will	visit	Osaka	tomorrow.
(彼は)	(〜するだろう)	(おとずれる)	(大阪)	(明日)

(彼は明日，大阪をおとずれるでしょう。)

主語	will not	動詞のもとの形	名詞	
He	will not[won't]	visit	Osaka	tomorrow.
(彼は)	(〜しないだろう)	(おとずれる)	(大阪)	(明日)

(彼は明日，大阪をおとずれないでしょう。)

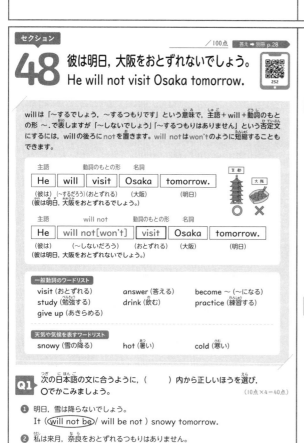

一般動詞のワードリスト

visit (おとずれる)　　answer (答える)　　become 〜 (〜になる)
study (勉強する)　　drink (飲む)　　practice (練習する)
give up (あきらめる)

天気や気候を表すワードリスト

snowy (雪の降る)　　hot (暑い)　　cold (寒い)

Q1 次の日本語の文に合うように，(　　) 内から正しいほうを選び，〇でかこみましょう。(10点×4=40点)

❶ 明日，雪は降らないでしょう。
It (will not be / will be not) snowy tomorrow.

❷ 私は来月，奈良をおとずれるつもりはありません。
I (am not visit / will not visit) Nara next month.

❸ 彼らは質問に答えないでしょう。
They (won't answer / want to answer) the question.

❹ 私はあきらめるつもりはありません。
I (want / won't) give up.

Q2 次の日本語の文に合うように，(　　) 内の語を並べかえ，＿＿＿ に書きましょう。ただし，文のはじめにくる語も小文字になっています。(10点×3=30点)

❶ 明日は暑くならないでしょう。
(will / it / not / hot / be) tomorrow.
It will not be hot tomorrow.

❷ その男性は宇宙飛行士にならないでしょう。
(not / will / the / man / become / an astronaut).
The man will not become an astronaut .

❸ その生徒たちは明日，算数を勉強しないでしょう。
(math / won't / the students / study) tomorrow.
The students won't study math tomorrow.

Q3 次の日本語の文を英語の文にかえ，＿＿＿ に書きましょう。(10点×3=30点)

❶ 明日 (tomorrow) は寒くないでしょう。
It will not[won't] be cold tomorrow.

❷ 私のおじ (my uncle) は今晩 (tonight)，コーヒー (coffee) を飲まないでしょう。
My uncle will not[won't] drink coffee tonight.

❸ マイクとテッド (Mike and Ted) はサッカー (soccer) を練習しないでしょう。
Mike and Ted will not[won't] practice soccer.

49 彼はその本を買うでしょうか。 Will he buy the book?

/100点　答え ➡ 別冊 p.29

willは「～するでしょう，～するつもりです」という意味で，主語＋will＋動詞のもとの形 ～．の文を「～するでしょうか，～するつもりですか」という疑問文にするには，文のはじめにWillを置いてWill＋主語＋動詞のもとの形 ～?の語順にします。

主語	will	動詞のもとの形	名詞	
He	will	buy	the book.	（彼はその本を買うでしょう。）
（彼は）	（～するだろう）	（買う）	（その本）	

will	主語	動詞のもとの形	名詞	
Will	he	buy	the book?	（彼はその本を買うでしょうか。）
（～するでしょうか）	（彼は）	（買う）	（その本）	

一般動詞のワードリスト

become ～（～になる）　study（勉強する）　cook（料理する）
watch（見る）　visit（おとずれる）　practice（練習する）
live in ～（～に住む）

いろいろなワードリスト

sunny（晴れた）　cold（寒い）　back（もどった）　boy（少年）
actor（俳優）　math（算数）　kid（子ども）　soccer（サッカー）
lunch（昼食）　baseball game（野球の試合）　woman（女性）

Q1 次の日本語の文に合うように，（　　）内から正しいほうを選び，〇でかこみましょう。　(10点×4＝40点)

❶ 明日は晴れるでしょうか。　(（Will it be）/ It will be) sunny tomorrow?

❷ その少年は将来，俳優になるでしょうか。
(（Will the boy become）/ The boy will become) an actor in the future?

❸ 彼らは今晩，算数を勉強するでしょうか。
(Will study they /（Will they study）) math tonight?

❹ その子どもたちは来週，サッカーを練習するでしょうか。
(（Will the kids practice）/ The kids will practice) soccer next week?

Q2 次の日本語の文に合うように，（　　）内の語を並べかえ，＿＿ に書きましょう。ただし，文のはじめにくる語も小文字になっています。　(10点×3＝30点)

❶ あなたのお兄さんは今日，料理するでしょうか。
(your / will / brother / cook) today?
<u>Will your brother cook</u> today?

❷ あなたは今晩，野球の試合を見るつもりですか。
(will / watch / the baseball game / you) tonight?
<u>Will you watch the baseball game</u> tonight?

❸ あなたはすぐにもどってくるつもりですか。
(be / will / you / back / soon)?
<u>Will you be back soon</u> ?

Q3 次の日本語の文を英語の文にかえ，＿＿ に書きましょう。　(10点×3＝30点)

❶ 明日 (tomorrow) は寒く (cold) なるでしょうか。
<u>Will it be cold tomorrow?</u>

❷ その女性は来年 (next year)，京都 (Kyoto) をおとずれるでしょうか。
<u>Will the woman visit Kyoto next year?</u>

❸ あなたたちは将来 (in the future)，長野 (Nagano) に住むつもりですか。
<u>Will you live in Nagano in the future?</u>

---

50 あなたは今晩，英語を勉強するつもりですか。 Will you study English tonight?

/100点　答え ➡ 別冊 p.29

Will＋主語＋動詞のもとの形 ～?の「～するでしょうか」「～するつもりですか」の疑問文に答えるときには，「はい」であればYes, 主語＋will.，「いいえ」であればNo, 主語＋will not[won't]. を使います。

主語	動詞のもとの形	名詞	
Will	you	study	English	tonight?
（～するだろう）	（あなたは）	（勉強する）	（英語）	（今晩）

（あなたは今晩，英語を勉強するつもりですか。）

Yes, I will.（はい，そのつもりです。）/ No, I will not[won't].（いいえ，そのつもりはありません。）

一般動詞のワードリスト

become ～（～になる）　cook（料理する）　watch（見る）　visit（おとずれる）
play（（スポーツを）する／（楽器を）演奏する）　go to ～（～に行く）　buy（買う）

いろいろなワードリスト

engineer（エンジニア）　father（お父さん）　dinner（夕食）
soccer game（サッカーの試合）　girl（少女）　table tennis（卓球）

Q1 次の日本語の文に合うように，（　　）内から正しいほうを選び，〇でかこみましょう。　(10点×3＝30点)

❶ その少女は将来，エンジニアになるでしょうか。— はい，なるでしょう。
Will the girl become an engineer in the future? — Yes, (the girl /（she）) will.

❷ 明日は雨が降るでしょうか。— はい，降るでしょう。
(（Will it be）/ Is it) rainy tomorrow? — Yes, (I will /（it will）).

❸ あなたは今晩，英語を勉強するつもりですか。— いいえ，そのつもりはありません。
Will you study English tonight? — No, (（I won't）/ you won't).

Q2 次の日本語の文に合うように，（　　）内の語を並べかえ，＿＿ に書きましょう。ただし，文のはじめにくる語も小文字になっています。　(10点×3＝30点)

❶ あなたのお父さんは今晩，夕食を料理するでしょうか。— いいえ，しないでしょう。
Will your father cook dinner tonight? — (will / , / no / he / not).
— <u>No, he will not</u> .

❷ 彼らはサッカーの試合を見るでしょうか。— はい，見るでしょう。
Will they watch the soccer game? — (yes / will / they / ,).
— <u>Yes, they will</u> .

❸ ミキは来月，東京をおとずれるでしょうか。— いいえ，おとずれないでしょう。
Will Miki visit Tokyo next month? — (, / no / she / won't).
— <u>No, she won't</u> .

Q3 次の日本語の文を英語の文にかえ，＿＿ に書きましょう。　(10点×4＝40点)

❶ その男性は明日，卓球をするでしょうか。— はい，するでしょう。
Will the man play table tennis tomorrow? — <u>Yes, he will.</u>

❷ その男性は，大阪 (Osaka) に行くでしょうか。— はい，行くでしょう。
Will the man go to Osaka? — <u>Yes, he will.</u>

❸ ユカ (Yuka) はこのコンピューター (this computer) を買うでしょうか。— いいえ，買わないでしょう。
Will Yuka buy this computer? — <u>No, she will not[won't].</u>

❹ 明日はくもり (cloudy) でしょうか。— いいえ，くもりではないでしょう。
Will it be cloudy tomorrow? — <u>No, it will not[won't].</u>

29

確認テスト5

Q1 次の日本語の文に合うように，（　）内から正しいほうを選び，〇でかこみましょう。 (2点×4=8点)

(1) 彼は今，その部屋をそうじしているところです。
He (**is cleaning** / clean) the room now.

(2) トムとケンは今，野球の試合を見ているところです。
Tom and Ken (are watch / **are watching**) the baseball game now.

(3) マミは今，ピアノを演奏しているところですか。
(**Is Mami playing** / Mami playing) the piano now?

(4) 明日はとても寒くなるでしょう。
It (will / **will be**) very cold tomorrow.

Q2 それぞれの英文を指示にしたがって書きかえ，＿＿ に書きましょう。 (7点×3=21点)

(1) They play soccer every day. (every dayをtomorrowにかえて)
They will play soccer tomorrow.

(2) He studies English. (「今～している」という意味の文に)
He is[He's] studying English now.

(3) My father will go to Kyoto tomorrow. (否定文に)
My father will not[won't]
go to Kyoto tomorrow.

Q3 次の日本語の文に合うように，（　）内の語を並べかえ，＿＿ に書きましょう。ただし，文のはじめにくる語も小文字になっています。 (9点×3=27点)

(1) デイビッドは社会科を勉強しないでしょう。
(won't / David / social studies / study).
David won't study social studies .

(2) あなたの息子さんは今，写真をとっているところですか。
(a picture / your / is / son / taking) now?
Is your son taking a picture now?

(3) 私はそのとき，料理していました。
(I / cooking / was) at that time.
I was cooking at that time.

Q4 次の日本語の文を英語の文にかえ，＿＿ に書きましょう。 (11点×4=44点)

(1) その赤ちゃん (the baby) はそのとき (at that time)，ねむって (sleep) いるところでした。
The baby was sleeping at that time.

(2) 私は来年 (next year)，イタリア (Italy) をおとずれるつもりです。
I will visit Italy next year.

(3) あなたのお母さんは料理しているところですか。
Is your mother cooking?

(4) 私の弟 (my brother) は来年 (next year)，6歳 (six years old) になります。
My brother will be six years old next year.

②